上海市工程建设规范

城市轨道交通自动售检票系统通用技术标准

General technical standard for automatic fare collection system of urban rail transit

DG/TJ 08—1101—2022

J 10510—2022

主编单位:上海申通地铁集团有限公司

批准部门:上海市住房和城乡建设管理委员会

施行日期:2023 年 3 月 1 日

同济大学出版社

2024　上海

图书在版编目(CIP)数据

城市轨道交通自动售检票系统通用技术标准 / 上海申通地铁集团有限公司主编. —上海：同济大学出版社，2024. 6

ISBN 978-7-5765-1146-8

Ⅰ. ①城… Ⅱ. ①上… Ⅲ. ①城市铁路—旅客运输—售票—铁路自动化系统—技术标准 Ⅳ. ①U239. 5-65

中国国家版本馆 CIP 数据核字(2024)第 089816 号

城市轨道交通自动售检票系统通用技术标准

上海申通地铁集团有限公司　主编

责任编辑　朱　勇

责任校对　徐春莲

封面设计　陈益平

出版发行　同济大学出版社　　www. tongjipress. com. cn

(地址：上海市四平路 1239 号　邮编：200092　电话：021 - 65985622)

经　　销　全国各地新华书店

印　　刷　浦江求真印务有限公司

开　　本　889mm×1194mm　1/32

印　　张　6

字　　数　150 000

版　　次　2024 年 6 月第 1 版

印　　次　2024 年 6 月第 1 次印刷

书　　号　ISBN 978-7-5765-1146-8

定　　价　60. 00 元

上海市住房和城乡建设管理委员会文件

沪建标定〔2022〕564 号

上海市住房和城乡建设管理委员会关于批准《城市轨道交通自动售检票系统通用技术标准》为上海市工程建设规范的通知

各有关单位：

由上海申通地铁集团有限公司主编的《城市轨道交通自动售检票系统通用技术标准》，经我委审核，现批准为上海市工程建设规范，统一编号为 DG/TJ 08—1101—2022，自 2023 年 3 月 1 日起实施。原《城市轨道交通自动售检票系统通用技术规范》（DGJ 08—1101—2007）同时废止。

本规范由上海市住房和城乡建设管理委员会负责管理，上海申通地铁集团有限公司负责解释。

特此通知。

上海市住房和城乡建设管理委员会

2022 年 10 月 25 日

前　言

根据上海市住房和城乡建设管理委员会《关于印发〈2020年上海市工程建设规范、建筑标准设计编制计划〉的通知》(沪建标定〔2019〕752号)的要求，由上海申通地铁集团有限公司会同有关单位，对原上海市工程建设规范《城市轨道交通自动售检票系统通用技术规范》DGJ 08—1101—2007进行修订。

在修订过程中，修订组广泛调查和分析总结了原规范执行情况，特别是近年来工程建设与运营维护积累的很多经验和引入的诸多新技术，同时认真分析借鉴了国内外自动售检票系统设计与实践的成功经验和先进技术，在此基础上广泛征求了行业有关专家和单位的意见，通过反复论证研究，最后经审查定稿。

本标准共分为12章，主要内容包括：总则、术语和符号、总体架构、系统功能、系统性能、通信方式、编码规则、数据流程、数据要求、安全要求、电源及接地、系统接口。

本标准对原规范的第1部分标准化准则、第2部分通信数据接口进行章节调整和内容修订，修订的主要内容包括：合并第1部分与第2部分，将原有24章调整为12章；新增系统性能、安全要求、电源及接地、系统接口；根据上海轨道交通自动售检票系统多线路中央计算机系统建设项目、互联网票务改造项目的实施情况更新了AFC系统五层架构；结合当前技术发展更新了各级系统、设备的功能要求；规范了系统交互信息的分类。

各单位及相关人员在执行本标准过程中，如有意见或建议，请反馈至上海市交通委员会(地址：上海市世博村路300号1号楼；邮编：200125；E-mail：shjtbiaozhun@126.com)，上海申通地铁集团有限公司技术中心(地址：上海市桂林路909号1号楼；

邮编：201103；E-mail：xuzhipeng@shmetro. com），上海市建筑建材业市场管理总站（地址：上海市小木桥路 683 号；邮编：200032；E-mail：shgcbz@163. com），以供修订时参考。

主 编 单 位：上海申通地铁集团有限公司

参 编 单 位：上海市交通委员会

上海市土木工程学会

上海公共交通卡股份有限公司

上海市隧道工程轨道交通设计研究院

主要起草人：蔡佳妮　程明硕　温　彤　张立东　张红梅

周　晓　朱正谦　徐振宇　康　健　宋秋桔

林　龙　张屹峻　刘纯洁　王大庆　冯　娟

王子强　瞿　斌　何　洁　杜　斌　谢　玉

石慧麟　徐高峻　董晓婷　姜臻祺　邹　策

主要审查人：刘　春　刘　璠　赵晓蓉　曹家玉　巢　津

周向争　付　强　黄问遂　郭晓栋

上海市建筑建材业市场管理总站

目　录

1　总　则 …… 1
2　术语和符号 …… 2
　2.1　术　语 …… 2
　2.2　符　号 …… 4
3　总体架构 …… 6
4　系统功能 …… 8
　4.1　清分系统功能 …… 8
　4.2　多线路中央计算机系统功能 …… 10
　4.3　车站计算机系统功能 …… 11
　4.4　车站终端设备功能 …… 12
　4.5　车票要求 …… 14
5　系统性能 …… 15
6　通信方式 …… 17
7　编码规则 …… 24
8　数据流程 …… 36
9　数据要求 …… 41
　9.1　基本要求 …… 41
　9.2　参　数 …… 47
　9.3　报　文 …… 107
　9.4　指　令 …… 148
10　安全要求 …… 164
11　电源及接地 …… 166
12　系统接口 …… 167

本标准用词说明 …………………………………………………… 168
引用标准名录 ………………………………………………………… 169
标准上一版编制单位及人员信息 ……………………………… 170
条文说明 …………………………………………………………… 171

Contents

1 General provisions ········· 1
2 Terms and symbols ········· 2
2.1 Terms ········· 2
2.2 Symbols ········· 4
3 General framework ········· 6
4 System function ········· 8
4.1 Clearing system function ········· 8
4.2 Multipled line central computer system function ········· 10
4.3 Station computer system function ········· 11
4.4 Station level equipment function ········· 12
4.5 Ticket requirements ········· 14
5 System performance ········· 15
6 Communication mode ········· 17
7 Encoding rules ········· 24
8 Data flow ········· 36
9 Data requirements ········· 41
9.1 Basic requirements ········· 41
9.2 Parameter ········· 47
9.3 Message ········· 107
9.4 Instruction ········· 148
10 Safety requirements ········· 164
11 Power supply and grounding ········· 166

12 System interface ·· 167
Explanation of wording in this standard ··························· 168
List of quoted standards ·· 169
Standard-setting units and personnel of the previous version
·· 170
Explanation of provisions ·· 171

1 总 则

1.0.1 为在建设上海城市轨道交通自动售检票系统过程中，对系统的共性技术作明确的约定，特制定本标准。

1.0.2 本标准规定了轨道交通自动售检票系统的总体架构、系统功能、系统性能、通信方式、编码规则、数据流程、数据要求、安全要求、电源及接地和系统接口。

1.0.3 本标准适用于上海城市轨道交通自动售检票系统的规划、设计、建设、运维和大修改造工程，新建线路接入多线路中央计算机系统、城市轨道交通票务清分系统时应遵循本标准。

1.0.4 上海城市轨道交通自动售检票系统的新建、扩建和改建工程的质量验收应按照现行国家标准《城市轨道交通自动售检票系统工程质量验收标准》GB/T 50381 执行。

1.0.5 城市轨道交通自动售检票系统的建设除应符合本标准外，还应符合国家、行业和本市现行有关标准的规定。

2 术语和符号

2.1 术 语

2.1.1 自动售检票系统 automatic fare collection system

基于计算机技术、网络技术和自动控制技术等技术能够实现购票、检票、计费、收费、统计全过程的自动化系统。

2.1.2 城市公共交通卡清算系统 urban public transport card liquidation system

发行和管理城市公共交通卡、二维码车票，并对发行车票票款进行清算的系统。

2.1.3 城市轨道交通票务清分系统 urban rail transit ticket clearing system

用于管理整个轨道交通路网自动售检票的计算机系统，具有发行和管理轨道交通专用车票、二维码车票，对各线路的票、款进行结算，与城市公共交通卡清算系统、第三方支付平台等进行清算分账的功能，简称“清分系统”。

2.1.4 多线路中央计算机系统 multipled line central computer system

管理与控制城市轨道交通多条线路自动售检票系统的计算机系统。

2.1.5 车站计算机系统 station computer system

管理车站的票务、设备运行和客流统计等的计算机系统。

2.1.6 车站终端设备 station level equipment

用于各轨道交通线路车站，并进行车票发售、进出站检票、车票分析和处理、充资、验票分析等读写交易处理的终端设备。

2.1.7 自动售票机 automatic ticket vending machine

用于现场自助购票、赋值有效车票,具备自动处理支付和找零功能的终端。

2.1.8 半自动售票机 booking office machine

用于现场人工辅助发售、赋值有效车票,具备补票、退票、查询、更新等票务处理功能的设备。

2.1.9 自动检票机 automatic gate machine

对车票进行检验和处理,放行或阻挡乘客出入付费区的设备。自动检票机分进站检票机、出站检票机和双向检票机三种类型。

2.1.10 自助加值机 card vending machine

对城市公共交通卡进行自助加值,并具有查验交易和余额等信息功能的设备。

2.1.11 自动补票机 ticket handling machine

对车票进行自助补票,并具备查询、分析和更新等功能。

2.1.12 编码/分拣机 encoder/sorter

由轨道交通票务管理部门使用,完成对车票的编码、赋值、分拣和注销等工作的设备。

2.1.13 车票 ticket

用于城市轨道交通乘行,并能实现换乘的乘车有效凭证。

2.1.14 城市公共交通 IC 卡 urban public transportation integrated circuit card

用于城市公共交通、轨道交通、出租汽车和轮渡等乘行的具有储值功能的消费载体,包括住房和城乡建设部 IC 卡(简称"住建部卡")、交通运输部公共交通 IC 卡(简称"交通部卡")和手机 NFC 车票等票种,简称"城市公共交通卡"。

2.1.15 城市轨道交通专用车票 dedicated ticket for urban rail transit

仅用于城市轨道交通乘行,包括单程票、往返票、计次票、旅游票、纪念票等专用票种,简称"专用车票"。

2.1.16 二维码车票 two-dimensional code ticket

采用二维码形式的乘车有效凭证，用于扫码进出站。

2.1.17 二维码扫描器 two-dimensional code scanner

通过扫描读取二维码，并将解码后的二进制数据发送给读写器的设备。

2.1.18 数字化票务 digital ticketing

基于电子化乘车凭证，支持多元化支付渠道的票务形式。

2.2 符 号

ACC——清分系统(AFC central clearing system)

ADF——应用数据文件(application definition file)

AFC——自动售检票系统(automatic fare collection system)

AGM——自动检票机(automatic gate machine)

ASCII——美国信息交换标准代码(American standard code for information interchange)

ATVM——自动售票机(automatic ticket vending machine)

BOM——半自动售票机(booking office machine)

CA——证书颁发机构(certificate authority)

CPU——中央处理器(central processing unit)

CVM——自助加值机(card vending machine)

EFO——人工补票模式(excess fare office)

E/S——编码/分拣机(encoder/sorter)

FAS——火灾报警系统(fire alarm system)

FTP——文件传输协议(file transfer protocol)

IBP——综合后备紧急控制盘(intergrated backup panel)

ISCS——综合监控系统(intergrated supervisory and control system)

M1——M1 型城市公共交通卡(mifare 1 card)

MAC——消息鉴别码(message authentication code)
MACK——消息应答码(message acknowledgement)
MCBF——平均故障间隔次数(mean cycles between failures)
MCC——多线路中央计算机(multipled line central computer)
MCCS——多线路中央计算机系统(multipled line central computer system)
MD5——消息摘要算法第5版(message digest algorithm 5)
MOC——多线路中央操作员工作站(multipled line central operator console)
MTTR——平均故障修复时间(mean time to repair)
NTP——网络时间协议(network time protocol)
PSAM——消费安全存取模块(purchase secure access module)
PTCHS——城市公共交通卡清算系统(public traffic clearing house system)
PIN——操作员口令(personal identification number)
QR Code——二维码(quick response code)
RID——注册的应用提供者标识(registered application provider identifier)
SAM——安全存取模块(secure access module)
SC——车站计算机(station computer)
SCS——车站计算机系统(station computer system)
SHA-1——安全散列算法1(secure hash algorithm 1)
SLE——车站终端设备(station level equipment)
SOC——车站计算机工作站(station operator console)
TAC——交易认证码(transaction authentication code)
TCP/IP——传输控制协议/互联协议(transmission control protocol/internet protocol)
THM——自动补票机(ticket handling machine)
UPS——不间断电源(uninterruptible power supply)

3　总体架构

3.0.1　城市轨道交通 AFC 系统应采用如图 3.0.1 所示的五层架构体系，第一层为城市轨道交通票务清分系统，第二层为多线路中央计算机系统，第三层为车站计算机系统，第四层为车站终端设备，第五层为车票。

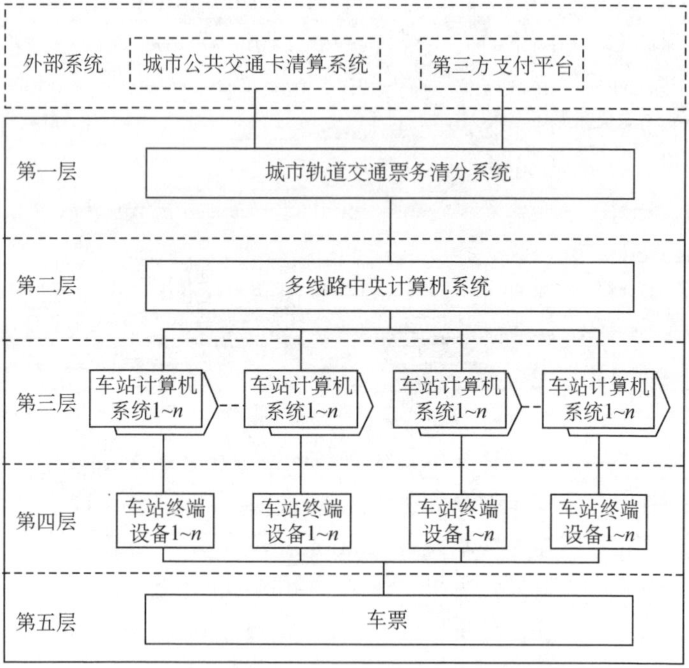

图 3.0.1　轨道交通 AFC 系统总体架构图

3.0.2　城市轨道交通票务清分系统(ACC)设置在路网级控制中

心，并应由服务器、工作站、存储设备、E/S设备、打印机、网络设备、负载均衡设备、信息安全设备和不间断电源等构成，应设置灾备系统，用于票款清分。

3.0.3 多线路中央计算机系统（MCCS）设置在路网级控制中心，并应由服务器、工作站、存储设备、打印机、网络设备、负载均衡设备、信息安全设备和不间断电源等构成，用于管理多条线路的AFC系统及设备。

3.0.4 车站计算机系统（SCS）设置在车站控制室或设备房，并应由车站服务器、操作员工作站、紧急控制装置、打印机、网络设备、信息安全设备和不间断电源构成，用于管理车站设备。

3.0.5 车站终端设备（SLE）设置在线路内各车站，宜由自动售票机、半自动售票机、自动检票机和自助加值机等设备构成，用于车站票务处理。

3.0.6 车票包括城市公共交通卡、城市轨道交通专用车票和二维码车票，作为城市轨道交通乘车有效凭证。

4　系统功能

4.1　清分系统功能

4.1.1　轨道交通专用车票管理应具备下列功能：

1　车票类型定义。

2　车票初始化编码。

3　车票发行。

4　车票分拣。

5　车票的调配管理。

4.1.2　轨道交通 AFC 用户管理应具备下列功能：

1　用户账号管理。

2　身份认证管理。

4.1.3　票务管理应具备下列功能：

1　车票交易数据处理。

2　车票发售收益统计。

3　运营收益统计。

4　运营报表处理。

5　运营交易数据清分。

6　票务对账结算。

7　车票发售现金收入管理。

8　运营收益转账。

9　黑名单车票管理。

10　白名单车票管理。

11　密钥系统管理。

4.1.4 数字化票务处理应具备下列功能：

1 账户及密钥管理。

2 电子化乘车凭证的应用账户管理。

3 黑名单账户管理。

4 电子化乘车凭证处理功能。

5 行程信息管理。

6 交易订单管理。

7 支付渠道对账结算。

8 非现金扫码支付订单处理功能。

9 脱机或实时联机交易处理。

10 交易匹配功能。

11 交易纠错功能。

12 交易支付功能。

4.1.5 运营管理应具备下列功能：

1 系统运营参数管理。

2 客流统计与分析。

3 系统运行模式管理。

4 系统运营信息发布。

5 对外数据发布功能。

6 车票使用信息查询。

4.1.6 系统维护应具备下列功能：

1 用户管理。

2 操作员权限分配和账号管理。

3 数据归档和备份。

4 系统数据恢复。

5 系统时间同步。

6 系统日志管理。

7 接入测试和培训。

4.1.7 车票编码/分拣应具备下列功能：

1 对城市轨道交通专用车票进行赋值。

2 根据车票的初始化日期、卡号等分拣出超期使用或损坏的车票。

4.1.8 系统信息安全应具备下列功能：

1 入侵检测、访问控制、防火墙和病毒防护等安全防护功能。

2 病毒库自动分发、集中管理、在线升级、实时监控功能。

3 信息安全设备配置功能。

4 网络检测功能，防止来自外部或内部对网络安全策略的破坏和攻击。

4.1.9 容灾系统应具备下列功能：

1 清分系统数据备份功能。

2 清分系统数据恢复功能。

3 根据不同数据特征制定备份原则。

4 备份数据的正确性和完整性检验功能。

5 当清分系统数据失效时，应能启动容灾系统的备份数据。

6 当清分系统应用失效时，应能启动容灾系统的备份应用。

4.2 多线路中央计算机系统功能

4.2.1 车站终端设备管理应具备下列功能：

1 设备运行状态统计分析。

2 设备运行报表处理。

3 设备维护策略和计划制定。

4.2.2 运营管理应具备下列功能：

1 接收轨道交通票务清算系统下传的参数和文件。

2 系统运营参数管理。

3 在线设备状态监控。

4 系统运行模式管理。

5 客流统计与分析。

6 系统通信监测。

7 车站计算机接入测试。

4.2.3 系统维护应具备下列功能：

1 用户管理。

2 操作员权限分配和账号管理。

3 数据归档和备份。

4 系统数据恢复。

5 系统时间同步。

6 系统日志管理。

7 软件管理功能。

4.2.4 系统信息安全应具备下列功能：

1 入侵检测、访问控制、防火墙和病毒防护等安全防护功能。

2 信息安全设备配置功能。

3 网络检测功能，防止来自外部或内部对网络安全策略的破坏和攻击。

4.3 车站计算机系统功能

4.3.1 系统数据管理应具备下列功能：

1 接收和储存车站各终端设备上传的交易数据。

2 将交易数据上传给多线路中央计算机系统。

3 接收多线路中央计算机系统的各类系统运行参数和文件。

4 通信中断情况下的数据导入、导出。

5 接收多线路中央计算机系统的指令信息。

6 城市公共交通卡充值授权管理功能，包括正常授权和降级授权。

4.3.2 运营管理应具备下列功能：

1 实时监控本车站终端设备运行状态。

2 提供与车站运营业务有关的统计分析报告。

3 车票的发售和现金管理。

4 客流监视和统计。

5 终端设备日常维护管理。

6 紧急情况下由紧急按钮触发或与FAS系统联动，控制检票机释放阻挡装置。

4.3.3 系统维护应具备下列功能：

1 数据归档和备份。

2 系统数据恢复。

3 系统时间同步。

4 系统日志管理。

4.3.4 系统信息安全应具备下列功能：

1 入侵检测、访问控制、防火墙和病毒防护等安全防护功能。

2 信息安全设备配置功能。

4.4 车站终端设备功能

4.4.1 设备应具备下列通用功能：

1 接收车站计算机下发的指令、参数、文件，向车站计算机上传原始交易数据和设备状态等信息。

2 独立运行能力。

3 运行模式切换。

4 软件防病毒攻击。

5 交易数据加密传输。

6 操作人员权限管理。

7 存储交易和状态数据。

8　时间同步。

9　模块维护和测试。

10　操作日志记录。

11　数据导入导出。

12　操作错误提示功能。

13　机械结构、电气系统安全保护功能。

4.4.2　自动检票机应具备下列专用功能：

1　检验各类车票有效性，控制阻挡装置。

2　紧急情况或断电时释放阻挡装置。

4.4.3　自动售票机应具备下列专用功能：

1　根据所选到站点、票价、数量等信息出售车票。

2　支持纸币、硬币现金支付方式，可实现纸币、硬币单独或混合找零。

3　支持非现金扫码支付。

4　钱箱、票箱管理功能。

5　外部电源失电时完成最后一笔交易并根据车站计算机指令关机。

4.4.4　半自动售票机应具备下列专用功能：

1　信息查询、验票、补票、更新和加值功能。

2　支持非现金扫码支付。

3　外部电源失电时完成最后一笔交易并根据车站计算机指令关机。

4.4.5　自助加值机应具备下列专用功能：

1　支持对不同形状的城市公共交通卡自助加值。

2　显示城市公共交通卡交易操作过程提示信息。

3　具备凭条打印功能，凭条数量不足提醒功能。

4.4.6　自助补票机应具备下列专用功能：

1　信息查询、验票、补票和更新功能。

2　票卡故障或欠费时提示功能。

4.5 车票要求

4.5.1 城市公共交通卡中住建部卡应符合现行国家标准《数字城市一卡通互联互通通用技术要求》GB/T 31778 的规定；城市公共交通卡中交通部卡应符合现行行业标准《城市公共交通 IC 卡技术规范　第 2 部分：卡片》JT/T 978.2 的规定。

4.5.2 城市轨道交通专用车票应符合现行上海市工程建设规范的有关要求。

4.5.3 二维码车票可由不同机构采用 QR code 编码规则发行。上海轨道交通专用二维码车票支持智能终端设备和检票设备断网状态下脱机蓝牙回写方式。交通一卡通二维码应满足现行行业标准《交通一卡通二维码支付技术规范》JT/T 1179 的规定。

4.5.4 城市轨道交通专用车票，根据业务规则应采用进站刷卡、出站回收或不回收的检票方式；城市公共交通卡应采用进站刷卡、出站刷卡的检票方式；二维码车票应采用进站扫码、出站扫码的检票方式。

5 系统性能

5.0.1 ACC应满足下列性能要求：

1 7×24 h连续运行。

2 具备3 000万客流日处理能力。

3 高峰时刻交易数据并发处理能力不少于5 000条/s。

4 交易数据保存不少于3年。

5 业务数据保存不少于1年。

5.0.2 MCCS应满足下列性能要求：

1 7×24 h连续运行。

2 具备3 000万客流日处理能力。

3 高峰时刻交易数据并发处理能力不少于5 000条/s。

4 交易数据保存不少于3年。

5 业务数据保存不少于1年。

5.0.3 SCS应满足下列性能要求：

1 7×24 h连续运行。

2 至少具备50万客流日处理能力，超大客流车站宜根据客流情况增加系统性能。

3 具备256套SLE设备接入及管理能力。

4 交易数据保存不少于30 d。

5 业务数据保存不少于30 d。

6 系统运行参数下达SLE时间不超过3 min。

7 指令下达SLE时间不超过5 s。

8 交易数据上传至清分系统不大于2 min。

5.0.4 SLE应满足下列性能要求：

1 SLE运行数据保存不少于14 d。

2　ATVM 硬币购票发售速度不大于 3 s/张。

3　ATVM 纸币购票发售速度不大于 6 s/张。

4　ATVM/BOM 可靠性 MCBF 不小于 5 万次，MTTR 不超过 30 min。

5　AGM 可靠性 MCBF 不小于 10 万次，MTTR 不超过 30 min。

6　BOM/AGM 读写器对单程票读写处理速度不大于 0.2 s/张。

7　BOM/AGM 读写器对二维码读写处理速度不大于 0.4 s/张。

8　BOM/AGM 读写器对公共交通卡读写处理速度不大于 0.4 s/张。

9　BOM/AGM 二维码扫描器对二维码票的最大读写距离不小于 60 mm。

10　BOM/AGM 黑名单存储条数不小于 5 万条。

5.0.5　专用车票应满足下列性能要求：

1　票面印刷耐磨次数要求不低于 5 000 次。

2　芯片存储容量不小于 512 bit，读写次数不小于 10 万次。

3　工作频率应为 13.56 MHz±7 kHz。

4　通信波特率应为 106 kbps。

6 通信方式

6.0.1 AFC系统的骨干网应利用通信系统传输网络组网，车站级系统局域网应采用工业级环形以太网，传输协议采用TCP/IP协议。

6.0.2 AFC系统涉及的通信节点（以下简称“节点”）应采用唯一标识码，节点包括下列类型：

1 城市公共交通卡清算中心服务器。

2 城市轨道交通票务清分系统服务器。

3 车票编码/分拣机系统。

4 多线路中央计算机系统服务器。

5 多线路中央计算机系统工作站。

6 车站计算机系统服务器。

7 车站计算机系统工作站。

8 车站终端设备。

6.0.3 节点间联机信息交互应符合下列规定：

1 本节点向其他节点发送请求信息，然后接收其返回的应答信息，在此行为中本节点作为通信的客户端。

2 本节点接收来自其他节点的请求信息，进行业务处理，返回应答消息，在此行为中本节点作为通信的服务端。

3 信息发起方进行请求，信息接收方进行应答，一对请求与应答组成一次交互，一组相互关联的交互组成一次会话，会话涉及信息的发起方、转发方和执行方，会话之间相互独立。

4 单个消息报文包最大长度不应超过8 KB(8 192字节)，超过长度应采用多包形式传送，包数量不应超过65 536个。节点应答或转发多包请求时应确保完好性。

5　消息报文包内容应包含包长度、包头、包体、MAC 等字段，格式应符合表 6.0.3-1 的规定。

表 6.0.3-1　消息报文格式

<table>
<tr><th colspan="2">字段</th><th>定义</th><th>类型</th><th>长度(字节)</th></tr>
<tr><td colspan="2">包长度</td><td>本消息报文的长度(不包括长度本身)</td><td>Word</td><td>2</td></tr>
<tr><td rowspan="2">同步头
(来自或发给终端设备的消息无此字段)</td><td>同步信息长度</td><td>同步信息的长度(不包括长度本身)</td><td>Byte</td><td>1</td></tr>
<tr><td>同步信息</td><td>由客户端定义，用于匹配请求消息的数据块，服务端在应答中原样返回。多包请求/应答中各包同步信息均相同</td><td>Block</td><td>0～255</td></tr>
<tr><td rowspan="5">包头</td><td>消息分类/类型码</td><td>见表 9.1.1</td><td>Word</td><td>2</td></tr>
<tr><td>发送方标识码</td><td>填写节点标识码，表明本消息的发送方。
转发方、应答方应将自己的节点标识码放在此字段中</td><td>Block</td><td>4</td></tr>
<tr><td>会话流水号</td><td>由发送方分配，唯一标识本会话的流水号。
转发方在保证能够唯一区分交易的前提下，可直接使用原会话流水号，否则自行分配流水号。
应答方会话流水号与收到的请求消息保持一致</td><td>Long</td><td>4</td></tr>
<tr><td>包序列号</td><td>0～65 535，按包序递增</td><td>Word</td><td>2</td></tr>
<tr><td>标志</td><td>bit7～2：保留
bit1：
0—请求消息
1—应答消息
bit0：
0—还有更大包序列号的包
1—这是本消息的最后一包</td><td>Byte</td><td>1</td></tr>
</table>

续表6.0.3-1

字段		定义	类型	长度(字节)
包头	记录数	0～65 535,长度固定的包填0,长度可变的包填记录数	Word	2
	压缩/加密算法	bit7～4:包体的压缩算法 0—不压缩 1—无损压缩算法(Deflate 算法 RFC2394) 2～15—保留 bit3～0:包体的加密算法 0—不加密 1—DES 2～15—保留 仅包体进行压缩/加密,MAC按压缩/加密后的报文计算	Byte	1
包体	长度固定部分	长度和格式由包头中的消息分类/类型码决定	Block	不定
	长度可变部分	由0～n条记录构成,n由包头中的记录数决定,记录格式由包头中的消息分类/类型码决定	Block	
MAC		验证内容包括同步头、包头和包体	Block	16

6 当应答消息内容仅包含应答码时,称此应答为MACK。其包体格式应符合表6.0.3-2的规定。

表6.0.3-2 应答的包体格式

字段(HEX)	定义	类型	长度(字节)
00	成功	Byte	1
01	报文格式错误	Byte	1
02	无效的消息分类/类型码	Byte	1
03	无效的数值范围	Byte	1

续表6.0.3-2

字段(HEX)	定义	类型	长度(字节)
04	目标节点不可到达	Byte	1
05	下游节点应答超时	Byte	1
06	多包消息的固定部分不符	Byte	1
07	记录数超过消息包范围	Byte	1
08	消息包中的记录重复	Byte	1
09	记录数与消息包长度不符	Byte	1
0B	交易明细或寄存器采集时间无效	Byte	1
10	非期望的参数版本号	Byte	1
11	非期望的节点类型	Byte	1
30	禁止外线路车站运行模式切换通知下发	Byte	1
40	参数中设置的时间早于参数的生效时间	Byte	1
42	因无此记录或记录信息不符,无法删除指定的黑名单票	Byte	1
60	无此储值票记录	Byte	1
80	参数版本不符	Byte	1
F0	文件打开/读取失败	Byte	1
F1	文件写入失败	Byte	1
FF	其他未定义的错误	Byte	1

6.0.4 请求、处理、应答等信息交互采用同步或异步方式,应符合下列要求:

1 车站设备与车站主机之间采用同步方式,其他节点间直接影响后续操作的交互采用同步方式。

2 同步方式中,客户端应明确服务端的IP地址和端口号,不可连续发起多个交互请求,应在完成一次完整的交互后方可发起下一个交互请求或主动断开连接，应答超时后应主动断开连接。服务端应能接受请求并建立 TCP 连接，完成业务处理后通过原连接返回应答消息，服务器端不应主动断开通信连接。

3 异步方式中，客户端应明确服务端的 IP 地址和端口号，可连续发起多个交互请求，不宜主动断开连接。服务端应能在业务处理时接收并处理下一个交互请求。

6.0.5 采用 4 种联机交易通信规程，应符合下列要求：

1 通信规程 1 为同步短连接处理方式，每次信息交互不能丢失且信息量较少，服务端处理向 SLE 发送的指令时优先级最高，其他情况处理优先级较高。

2 通信规程 2 为异步长连接处理方式，每次信息交互不能丢失且信息量较多，同时与其他交互的业务依赖关系较小，服务端处理优先级最低。

3 通信规程 3 为异步短连接处理方式，通过多个消息包发送大量互相关联的数据信息。

4 通信规程 4 为多节点会话同步短连接处理方式，可处理 3 个及以上节点的会话，服务端处理优先级较高。

6.0.6 支持通过移动介质进行脱机文件传送，应符合下列要求：

1 MCC 向 ACC 脱机上传数据文件，文件格式应符合表 6.0.6-1 的规定，文件命名格式应符合表 6.0.6-2 的规定。

表 6.0.6-1 MCC 向 ACC 脱机上传数据的文件格式

字段	定义	类型	长度(字节)
消息包总数	文件内所有包总数	LONG	4
消息包记录：			
消息数据块	完整的消息包内容	Block	不定
N 条记录，每条记录大小取决于该类消息包的大小定义			
SHA-1 摘要	文件数据摘要，供接收方验证完整性	Block	16

表 6.0.6-2 MCC 向 ACC 脱机上传文件的命名格式

YYYY	MM	DD	LL	TTT	.Lin
生成年	生成月	生成日	生成线路	消息类型	文件后缀
例:2020 年	09 月	10 日	01 线路	6016	.Lin

2 ACC 脱机向 MCC 下发数据文件,文件格式应符合表 6.0.6-3 的规定,文件命名格式应符合表 6.0.6-4 的规定。

表 6.0.6-3 ACC 脱机向 MCC 下发数据的文件格式

字段	定义	类型	长度(字节)
消息包总数	文件内所有包总数	LONG	4
消息包记录:			
消息数据块	完整的消息包内容	Block	不定
N 条记录,每条记录大小取决于该类消息包的大小定义			
SHA-1 摘要	文件数据摘要,供接收方验证完整性	Block	16

表 6.0.6-4 ACC 脱机下发 MCC 文件的命名格式

YYYY	MM	DD	LL	TTT	.Cen
生成年	生成月	生成日	生成线路	消息类型	文件后缀
例:2020 年	09 月	10 日	01 线路	7080	.Cen

3 SC 脱机上传 MCC 数据文件,文件格式应符合表 6.0.6-5 的规定,文件命名格式应符合表 6.0.6-6 的规定。

表 6.0.6-5 SC 脱机上传 MCC 数据的文件格式

字段	定义	类型	长度(字节)
消息包总数	文件内所有包总数	LONG	4
消息包记录:			
消息数据块	完整的消息包内容	Block	不定
N 条记录,每条记录大小取决于该类消息包的大小定义			
MD5 摘要	文件数据摘要,供接收方验证完整性	Block	16

表 6.0.6-6　SC 脱机上传 MCC 文件的命名格式

YYYY	MM	DD	HH	mm	ss	SSSS	TTT	.Offline
生成年	生成月	生成日	生成时	生成分	生成秒	线路车站编码	消息类型	文件后缀
例:2020 年	09 月	10 日	10 时	11 分	12 秒	0102	6016	.Offline

6.0.7　ACC、MCC 和 SC 时间同步应采用 NTP 协议，ACC 以轨道交通网络中心时间同步系统为时间源头，MCC 以 ACC 为时间源头，SC 以 MCC 为时间源头，SLE 以 SC 为时间源头。

7 编码规则

7.0.1 报文字段数据类型应符合表 7.0.1 的规定。

表 7.0.1 报文字段数据类型

类型	描述
bit	比特，表示信息的最小单位，只有两种状态：0 和 1
Byte	字节，表示数据的范围：0～255；有特别说明时：－128～127
Word	字，长度：2 个字节，高位字节在前，低位字节在后 表示数的范围：0～65 535
Long	长字，长度：4 个字节，高位字节在前，低位字节在后 表示数的范围：0～4 294 967 295； 有特别说明时：－2 147 483 648～2 147 483 647
Block	数据块
Short	短字，长度：2 个字节，高位字节在前，低位字节在后 表示数的范围：0～65 535；有特别说明时：－32 768～32 767
String	字符串，不足右补 0
Pointer	Long 类型的数，用于表示字符串在本地语言资源文件中的位置
N	数字字符：0～9；信息长度不足时左补 0
DEC	十进制
BCD	有权压缩 8421 二进制码十进制数
HEX	十六进制，缩写 H

7.0.2 设备节点码由线路编码、车站编码、设备类型编码、设备序号编码构成，应符合表 7.0.2-1 的规定。线路编码和车站编码采用 BCD 编码格式，通过 ACC 下发的“3006 -车站名称/线路设置表”决定具体编码；设备类型编码规则应符合表 7.0.2-2 的规

定;设备序号编码采用 HEX 编码格式,用于设备序号编排。

表 7.0.2-1 设备节点码规则

	线路编码	车站编码	设备类型编码	设备序号编码
字节数	1 Byte	1 Byte	1 Byte	1 Byte
编码格式	BCD	BCD	HEX	HEX
编码范围	01～99	01～99	00～FF	00～FF

表 7.0.2-2 设备类型编码规则

节点	节点编码(HEX)	数据类型
MCC	00	Byte
MOC	01	Byte
ACC	05	Byte
PTCHS	06	Byte
SC	10	Byte
SOC	11	Byte
按钮式 ATVM	12	Byte
触摸屏式 ATVM	13	Byte
出站 AGM	15	Byte
THM	16	Byte
BOM	18	Byte
CVM	19	Byte
进站 AGM	1A	Byte
双向 AGM	1B	Byte
中央 E/S	60	Byte

7.0.3 交易数据文件类型码定义应符合表 7.0.3 的规定。

表 7.0.3 交易数据文件类型码定义

交易数据文件	类型码(HEX)	数据类型
城市公共交通卡消费交易数据文件	01	Byte

续表7.0.3

交易数据文件	类型码(HEX)	数据类型
城市公共交通卡充资交易数据文件	02	Byte
城市轨道交通专用车票发卡交易数据文件	03	Byte
二维码消费交易数据文件	04	Byte
城市轨道交通专用车票交易数据文件	05	Byte
预留	06	Byte
预留	07	Byte

7.0.4 车票类型码应符合表7.0.4的规定。

表7.0.4 车票类型码

类型码(DEC)	车票	类型码(DEC)	车票	类型码(DEC)	车票
01	交通部卡	16	个性化卡	31	个人化VIP卡2
02	纯CPU普通卡	17	纯CPU纪念卡	32	异形卡2
03	学生卡1	18	网充卡	33	手表卡
04	普通成人卡1	19	保通卡	34	高速公路卡
05	普通会务卡	20	学生卡2	35	CPU手机卡
06	预留	21	儿童卡(测试卡)二维码1	36	普通卡2
07	异型卡1			37	纯CPU异形卡
08	普通成人卡2(手表)	22	交通部老人卡	38	建设部手机交通卡
		23	交通部军人卡		
09	普通成人卡3	24	测试卡	39	全终端手机交通卡
10	纪念卡1(联名卡)	25	交通部本地二维码		
11	纪念卡2	26	交通部普通卡2	40	预留
12	公司门禁卡	27	交通部纪念卡2	41	预留
13	广告卡	28	交通部工会卡	42	交通部普通卡1
14	纪念卡3	29	交通部手机卡	43	交通部纪念卡1
15	广告卡2	30	个人化VIP卡1	44～47	预留

续表7.0.4

类型码（DEC）	车票
48	儿童卡 1
49	交通部安卓 1
50～51	预留
52	交通部本地特殊二维码 1
53	交通部本地特殊测试码
54	交通部本地特殊二维码 2
55～60	预留
61	计时计次卡
62	计时计次卡
63	计时计次卡
64	计时计费卡
65	计时计费卡
66～69	预留
70	旅游卡 1
71	旅游卡 2
72	旅游卡 3
73	旅游卡 4
74	旅游卡 5
75	旅游卡 6
76	旅游卡 7
77	旅游卡 8
78	旅游卡 9

类型码（DEC）	车票
79	旅游卡 10
80	建设部异地互通卡
81	交通部异地互通卡
82	交通部异地特种卡 1
83	交通部异地特种卡 2
84	无锡专用卡
85	交通部异地特殊
86	交通部异地特殊二维码 2
87	交通部异地二维码
88	其他城市通用卡 2
89	其他城市通用卡 3
90～99	预留
100	单程票 1
101	单程票 2
102	优惠票 1
103	优惠票 2
104	应急票 1
105	应急票 2
106	老年票 1
107	老年票 2
108	学生票 1
109	学生票 2

类型码（DEC）	车票
110	儿童票 1
111	儿童票 2
112	旅游票 1
113	旅游票 2
114	往返票 1
115	往返票 2
116	月票 1
117	月票 2
118	周票 1
119	周票 2
120	计次票 1
121	计次票 2
122～127	预留
128	纪念票 1
129	纪念票 2
130～131	预留
132	计时计次票 1
133	计时计次票 2
134	测试票 1
135	测试票 2
136	计时计次票 3
137	计时计次票 4
138～139	预留
140	公务票 3（多进多出）

续表7.0.4

类型码（DEC）	车票
141	公务票4 （一进一出）
142	优惠票3
143	优惠票4
144	老年票3
145	老年票4
146	学生票3
147	学生票4
148	儿童票3
149	儿童票4
150	旅游票3
151	旅游票4
152	往返票3
153	往返票4
154	月票3
155	月票4
156	周票3
157	周票4
158	计次票3
159	计次票4
160	纪念票3
161	纪念票4

类型码（DEC）	车票
162	计时计次票5
163	计时计次票6
164	测试票3
165	测试票4
166	计时计次票7
167	计时计次票8
168～169	预留
170	公务票CPU1 多进多出
171	公务票CPU2 （一进一出）
172	公务票储值票1
173	公务票储值票2
174	公务票储值票3
175	公务票储值票4
176	公务票CPU3 （一进一出）
177	公务票CPU4 （一进一出）
178～204	预留
205	银行卡支付类型1
206	银行卡支付类型2

类型码（DEC）	车票
207	银行卡支付类型3
208	银行卡支付类型4
209	银行卡支付类型5
210	支付宝二维码
211	银联二维码
212	测试二维码1
213	测试二维码2
214	微信二维码
215～219	预留
220	预留二维码1
221	预留二维码2
222	预留二维码3
223	预留二维码4
224	预留二维码5
225	预留二维码6
226	预留二维码7
227	预留二维码8
228	预留二维码9
229	预留二维码10
230～255	预留

7.0.5 AGM拒绝车票所用拒绝码应符合表7.0.5的规定。

表 7.0.5 车票拒绝码

拒绝码(DEC)	拒绝原因	备注
01	车票数据检查错误	二维码联机交易的应答码为非 00 时，拒绝码为 01
02	测试票在收费模式使用	—
03	出站端，车票未进站	—
04	进站端，车票未出站	—
05	城市公共交通专用车票拒收发行车站检查错误	1）进站检票机，单程票发售站点非本站 2）往返票往返标志错误 3）往返票往返站点错误
06	票价不足	1）进站检票机，单程票、应急票票面金额小于最低票价 2）进站检票机，城市公共交通卡余额小于等于 0 3）出站检票机，城市公共交通卡余额扣除本次票价后低于最高透支金额
07	车票过期	1）进站检票机，非当天出售的单程票 2）应急票、公务票、计次票、纪念票、月票、周票、计时计次票、城市公共交通卡、二维码车票超出有效使用期
08	车票 ID 在黑名单内	—
09	峰值检查错误	高低峰时段拒绝的车票类型
10	车票无乘次	1）进站检票机，计次票、纪念票、计时计次票乘次不足 2）进站检票机，月票、周票、计时计次票当日使用次数达到最大次数
11	超程车票	出站检票机，车票超乘
12	超时车票	出站检票机，车票超时
13	车票类型不合法	4002 车票类型表参数中未定义的车票类型

续表7.0.5

拒绝码(DEC)	拒绝原因	备注
14	写错误	写卡错误
15	读错误	读卡错误
20	随申码颜色不符	—
21	位图无效	在非规定线路/车站使用
22	启用日期前使用	应急票、月票、周票、旅游票,启用时间未到
23	卡金额异常	卡内金额大于1 000元或小于负8元
24	车票未启用	1) 未启用的城市公共交通卡 2) 未发售的车票
25	已锁卡或注销票	包括城市公共交通卡和轨道交通专用车票
26	无效卡	1) 卡信息已写坏 2) 车票使用不当 3) 特殊卡属性认证失败且参数未定义映射
27	进站站点错误	出站检票机,车站区间表中未找到票、卡上的进站站点
30	重复进站	4002车票类型表参数启用"交易超时时间",且在3005AGM运行参数"交易超时时间"字段规定的时间内于本站再次进站
31	终端设备时间错	在3201二维码联机交易确认报文中上传的时间大于ACC的时间3 min以上,拒绝码由ACC返回
32	交易时间错	在3201二维码联机交易确认报文中上传的时间小于ACC中此账号最后一笔交易时间,导致无法匹配交易,拒绝码由ACC返回
33	交易类型非法	在3201二维码联机交易确认报文中上传了不合法的交易类型,拒绝码由ACC返回

7.0.6 SC、SLE 审计类型码应符合表 7.0.6 的规定。

表 7.0.6 审计类型码

类型码(HEX)	描述	适用范围
00	审计时间到	SC、AGM、ATVM、BOM、CVM、THM
01	应审计请求而发起	SC、AGM、ATVM、BOM、CVM、THM
02	签到时	ATVM、BOM、CVM、THM
03	签退时	ATVM、BOM、CVM、THM
04	设备初始化	SC、AGM、ATVM、BOM、CVM、THM
05	门开时	SC、AGM、ATVM、BOM、CVM、THM
06	门关时	SC、AGM、ATVM、BOM、CVM、THM
07	硬币收集箱被取出时	ATVM、THM
08	硬币收集箱被装入时	ATVM、THM
09	客流寄存器	SC
0A	票箱被取出时	AGM
0B	审计寄存器错误	SC、AGM、ATVM、BOM、CVM、THM
0C	寄存器清零	SC、AGM、ATVM、BOM、CVM、THM
0D	硬币储币箱/管重置	ATVM、THM
0E	进/出站免检	AGM、BOM、THM
0F	取消进/出站免检	AGM、BOM、THM
10	日期/时间免检	AGM、BOM、THM
11	取消日期/时间免检	AGM、BOM、THM
12	超程免检	AGM、BOM、THM
13	取消超程免检	AGM、BOM、THM
14	列车故障模式	AGM、BOM、THM

续表7.0.6

类型码(HEX)	描述	适用范围
15	取消列车故障模式	AGM、BOM、THM
16	紧急模式	AGM、BOM、THM
17	取消紧急模式	AGM、BOM、THM
18	纸币收集箱被取出时	ATVM、CVM、THM
19	纸币收集箱被装入时	ATVM、CVM、THM
1A	纸币找零箱被取出时	ATVM、THM
1B	纸币找零箱被装入时	ATVM、THM
1C	硬币找零箱被取出时	ATVM、THM
1D	硬币找零箱被放入时	ATVM、THM
1E	开始服务时	SC、AGM、ATVM、BOM、CVM、THM
1F	停止服务时	SC、AGM、ATVM、BOM、CVM、THM

7.0.7 交易事件码应符合表7.0.7的规定。

表7.0.7 交易事件码

交易事件码(HEX)	定义	资金方向	适用场合
20	出售	应付	专用车票
21	出售	应付	城市公共交通卡
22	非现金充资	应付	城市公共交通卡
23	充资	应付	城市公共交通卡
24	扣款	应收	专用车票
25	扣款	应收	城市公共交通卡
26	出站联乘进站	不清分	专用车票

续表7.0.7

交易事件码（HEX）	定义	资金方向	适用场合
27	出站联乘进站	不清分	城市公共交通卡
28	替换	应付	专用车票
29	应用解锁/关闭 M1 钱包	应付	城市公共交通卡
2A	进站	应付	专用车票
2B	进站	应付	城市公共交通卡
2C	补票	应付	专用车票
2D	罚款	应付	专用车票
2E	手机异地卡异常交易	不清分	手机支付
2F	交通卡购单程票	应收	城市公共交通卡
30	退款(取消发售)	应收	专用车票/城市公共交通卡
31	进站更新	应付	专用车票/城市公共交通卡
32	超时更新	应付	专用车票/城市公共交通卡
33	超程更新	不清分	专用车票/交通部异地卡
34	续期交易	不清分	专用车票/城市公共交通卡
35	锁卡更改卡状态交易	不清分	专用车票/城市公共交通卡
36	出站更新	应收	专用车票/城市公共交通卡
37	发售出站票	应收	专用车票
38	二维码售票	不清分	专用车票
39	二维码兑票	不清分	专用车票
3B	锁卡清空卡上钱包交易	不清分	城市公共交通卡
3E	尾程优惠	应收	专用车票
3F	设置交通卡累积消费金额	不清分	城市公共交通卡

续表7.0.7

交易事件码（HEX）	定义	资金方向	适用场合
40	出站联乘扣款	应收	专用车票
41	出站联乘扣款	应收	城市公共交通卡
50	志愿者卡服务开始	不清分	专用车票
51	志愿者卡服务结束	不清分	专用车票
52	手机卡卡移动	不清分	手机支付
60	应急票赋值	应付	专用车票
61	应急缴销	应收	专用车票
62	再出售	应付	专用车票
63	保留	—	—
64	ATVM 二维码购票	不清分	专用车票
65	ATVM 二维码兑票	不清分	专用车票
72	非现金超时更新	不清分	专用车票
73	非现金超程更新	不清分	专用车票
80	保留	—	—
81	出售失败	不清分	专用车票
82	充资失败	不清分	专用车票
83	补票失败	不清分	专用车票
84	充资失败	不清分	城市公共交通卡
85	保留	—	—
86	替换失败	不清分	专用车票
87	替换失败	不清分	城市公共交通卡
88	黑名单票在出站时被拒绝	不清分	车票被拒绝

续表7.0.7

交易事件码(HEX)	定义	资金方向	适用场合
89	黑名单票在进站时被拒绝	不清分	车票被拒绝
8A	黑名单票入口处被接受	不清分	票/城市公共交通卡
8B	非接触 IC 卡更新失败	不清分	城市公共交通卡
8C	续期失败	不清分	票/城市公共交通卡
8D	锁卡失败	不清分	票/城市公共交通卡
90	过期	不清分	车票被拒绝
91	反向进/出站	不清分	车票被拒绝
92	超过时间限制	不清分	车票被拒绝
93	超乘车票	不清分	车票被拒绝
94	校验和错误	不清分	车票被拒绝
95	测试/收益	不清分	车票被拒绝
96	非法(未定义的票卡类型)	不清分	车票被拒绝
97	不可接受的票卡类型	不清分	入口处被拒绝
98	再次进站	不清分	入口处被拒绝
99	可用日以前使用	不清分	入口处被拒绝
9A	票值为 0 拒绝	不清分	入口处被拒绝
9B	仅可同站进出	不清分	出站处被拒绝
9C	剩余票值低于最低票价	不清分	入口处被拒绝
9D	同站进出	不清分	出站处被拒绝
9E	CVM 充值	不清分	城市公共交通卡
9F	CVM 续期	不清分	城市公共交通卡

8 数据流程

8.0.1 SLE 数据包括交易数据、寄存器数据、状态数据、收益管理数据、维护管理数据、设备参数、设备运营指令、应用程序和交易结算对账数据，数据内容应符合表 8.0.1 的规定。

表 8.0.1 设备数据

数据类型	数据内容
交易数据	车票发售、出站、进站、更新、储值票充值、续期、挂失、即时退票、罚款、替换、非即时退票申请、非即时退款、黑名单交易、优惠生成和使用
寄存器数据	按交易数据类型和票卡类型分类的交易数据和金额的累计值
状态数据	设备运行模式、设备操作模式、报警或故障信息、软件版本、参数版本
收益管理数据	设备班次审核、钱箱及票箱审核、收益核算、收益平衡、收益统计
维护管理数据	设备维修管理日志、维修统计
设备参数	设备运行参数、运行时间参数、系统运行模式参数、黑名单参数、收益参数、操作员参数、车票属性参数、充值授权参数
设备运营指令	设备状态查询、设备控制、强制运营开启/结束、模式转换
应用程序	可执行文件、动态和静态连接库、组件
交易结算对账数据	ACC 对账数据、外部系统对账数据

8.0.2 SLE 的交易数据、寄存器数据、状态数据、收益管理数据和维护管理数据由终端设备生成，设备参数、设备运营指令、应用程序和交易结算对账数据由上层系统生成。生成方式、传输协议、存储位置应符合表 8.0.2 的规定。

表 8.0.2　设备数据基本要求

<table>
<tr><th colspan="2">数据类型</th><th>生成方式</th><th>传输协议</th><th>存储位置</th></tr>
<tr><td colspan="2">交易数据</td><td>在交易发生后由设备生成</td><td>传输控制协议（TCP/IP）</td><td>1）SCS 数据库
2）MCCS 数据库
3）ACC 数据库
4）PTCHS 数据库
5）第三方支付平台数据库</td></tr>
<tr><td colspan="2">寄存器数据</td><td>1）按照参数设置的时间间隔
2）在设备收益状态变化后生成</td><td>传输控制协议（TCP/IP）</td><td>1）SCS 数据库
2）MCCS 数据库</td></tr>
<tr><td colspan="2">状态数据</td><td>1）在设备状态发生变化后生成
2）按照参数设置的时间间隔
3）SC 发出状态查询指令
4）运营开始和运营结束时</td><td>传输控制协议（TCP/IP）</td><td>1）SCS 数据库
2）MCCS 数据库</td></tr>
<tr><td colspan="2">收益管理数据</td><td>1）班次结束后
2）钱箱及票箱清点后生成</td><td>传输控制协议（TCP/IP）</td><td>1）SCS 数据库
2）MCCS 数据库</td></tr>
<tr><td colspan="2">维护管理数据</td><td>1）维修后
2）运营结束后生成</td><td>传输控制协议（TCP/IP）</td><td>1）SCS 数据库
2）MCCS 数据库</td></tr>
<tr><td rowspan="2">设备参数</td><td>黑名单参数</td><td>PTCHS 管理程序生成</td><td>传输控制协议（TCP/IP）</td><td>1）ACC 数据库
2）MCCS 数据库
3）SCS 数据库
4）设备存储介质</td></tr>
<tr><td>其他参数</td><td>1）通过 MCCS 参数管理程序设置生成
2）ACC 参数管理程序设置生成</td><td>传输控制协议（TCP/IP）</td><td>1）SCS 数据库
2）MCCS 数据库
3）ACC 数据库
4）设备存储介质</td></tr>
<tr><td colspan="2">设备运营指令</td><td>1）SC 管理程序生成
2）MCCS 管理程序生成
3）ACC 管理程序生成</td><td>传输控制协议（TCP/IP）</td><td>1）SCS 设备日志
2）ACC 数据库
3）MCCS 数据库
4）设备存储介质</td></tr>
</table>

续表8.0.2

数据类型	生成方式	传输协议	存储位置
应用程序	SC 管理程序生成	文件传输协议（FTP）	设备存储介质
交易结算对账数据	1）PTCHS 处理后生成 2）第三方支付平台处理后生成 3）ACC 处理后生成	传输控制协议（TCP/IP）	1）ACC 数据库 2）MCCS 数据库

8.0.3 SLE 的交易数据、寄存器数据、状态数据、收益管理数据和维护管理数据应按照图 8.0.3 所示流程进行上传。

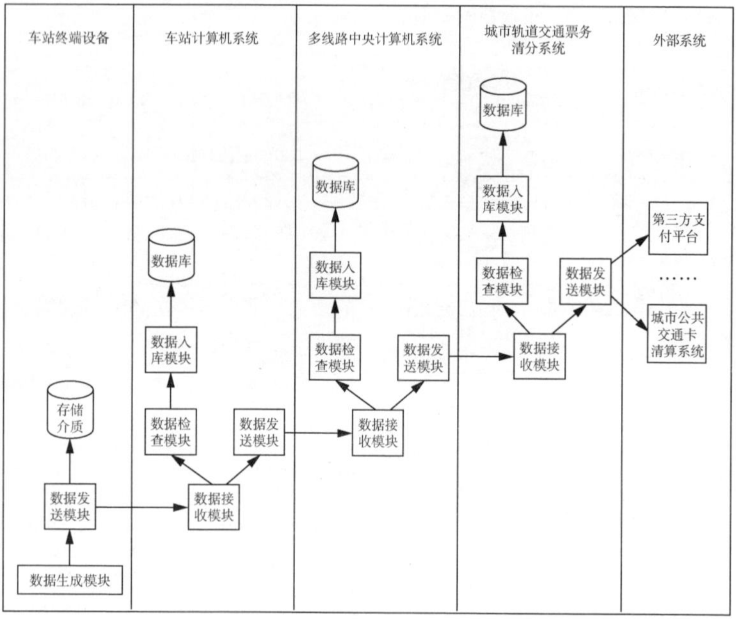

图 8.0.3 数据上传流程

1 SLE 生成数据发送至 SCS。

2 SCS 接收数据并入库，将数据转发至 MCCS。

3　MCCS 接收到数据并入库，将数据转发至 ACC。

4　ACC 将根据各类需求将数据转发给 PTCHS、第三方支付平台等外部系统。

8.0.4　设备参数应按照图 8.0.4 所示流程进行下传。

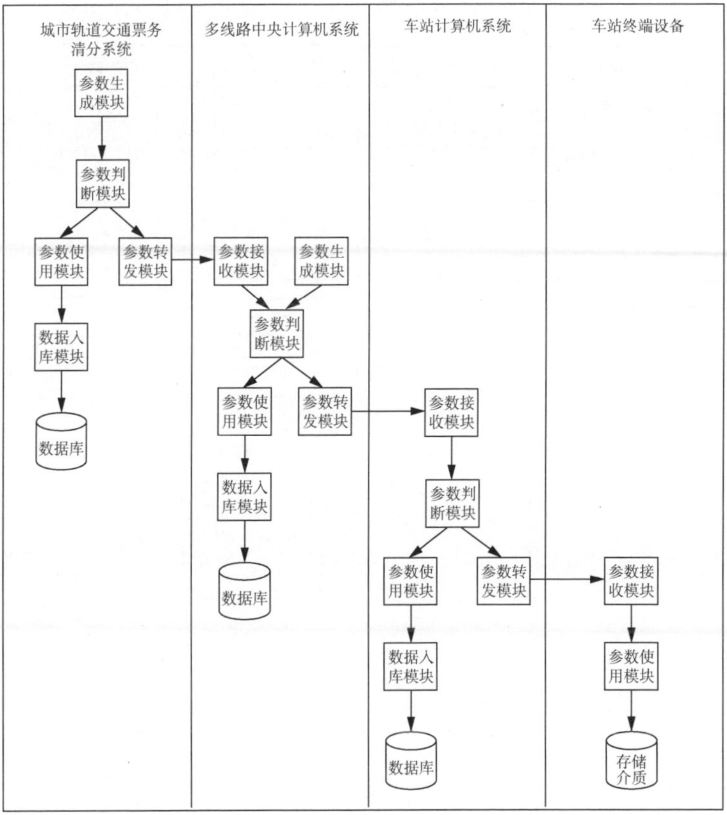

图 8.0.4　参数下传流程

1　ACC 编辑并生成参数，经判断后转发至 MCCS，使用并存储入库。

2　MCCS 接收参数，或自行生成部分参数，经判断后转发至

SCS，使用并存储入库。

3 SCS 通过参数接收模块接收 MCCS 转发的参数，经判断后转发至 SLE，使用并存储入库。

4 SLE 接收到 SCS 转发的参数，使用并存储。

8.0.5 设备运营指令应按照图 8.0.5 所示流程进行下发。

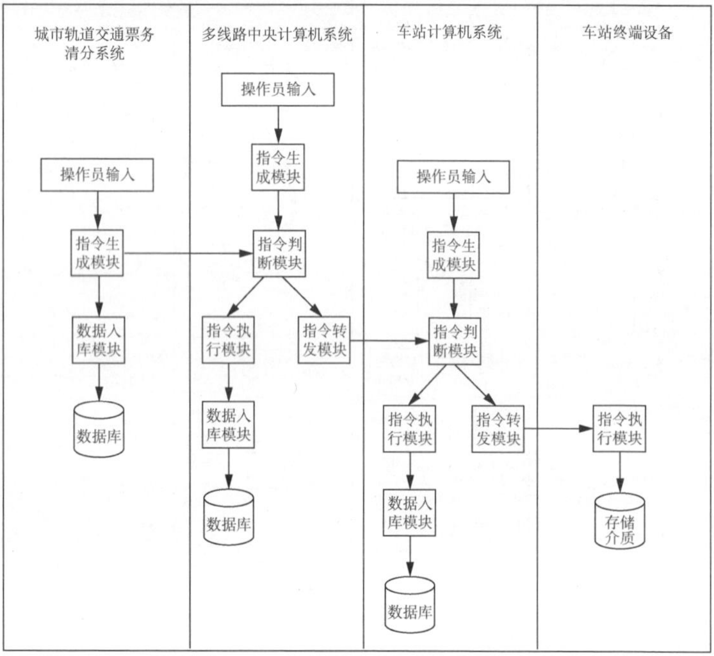

图 8.0.5 设备运营指令下发流程

1 ACC 将操作员输入的指令下发至 MCCS，并存储入库。

2 MCCS 执行操作员输入的或 ACC 转发的指令并存储入库，同时转发给 SCS。

3 SCS 执行操作员输入的或 MCCS 转发的指令并存储入库，同时转发给 SLE。

4 SLE 执行指令并存储。

9　数据要求

9.1　基本要求

9.1.1　AFC 系统的交互信息应包括参数、报文和指令三种。参数按照用途分为配置参数、通信参数、运营参数和车票参数；报文按照用途分为设备状态报文、维护数据报文、收益数据报文、客流数据报文和交易数据报文；指令按照用途分为通信检测指令、配置指令和查询指令。分类方式应符合表 9.1.1 的规定。

9.1.2　ACC、MCCS 是参数所有者，应具备参数编辑权限；SCS 是参数的接收或转发方，无权编辑参数，只能执行或转发；SLE 是参数的接收方，无权编辑参数，只能执行。

9.1.3　参数所有者负责参数生成并逐级下发。下发参数在生效时间前为将来版本状态，在生效时间后自动转为当前版本，对于没有生效时间字段的参数，一旦下发立即生效。每种参数保存 1 个将来版本，将来版本尚未生效时又收到同种参数的新版本，以版本号较大者为准。

9.1.4　ACC、MCC 和 SC 应定期检查并同步下属节点的参数版本。

表 9.1.1　信息分类

分类/类型码（HEX）	名称	分类	通信规程	应答方式	所有者	条款
1040	车站配置	配置参数	1	MACK	MCC	9.2.1
1041	车站布局图	配置参数	1	MACK	MCC	9.2.2

续表9.1.1

分类/类型码(HEX)	名称	分类	通信规程	应答方式	所有者	条款
2000	线路内部通信	通信参数	1	MACK	MCC	9.2.3
2001	应用层的 PING	通信检测指令	1	—	—	9.4.1
2080	ACC 通信	通信参数	1	MACK	ACC	9.2.4
3000	命令	配置指令	1	MACK	—	9.4.2
3001	系统运行模式	配置指令	1	MACK	—	9.4.3
3002	设备运行参数	运营参数	1	MACK	MCC	9.2.5
3003	ATVM 运行参数	运营参数	1	MACK	MCC	9.2.6
3004	BOM 运行参数	运营参数	1	MACK	MCC	9.2.7
3005	AGM 运行参数	运营参数	1	MACK	MCC	9.2.8
3006	车站名称/线路设置表	运营参数	1	MACK	ACC	9.2.9
3007	线路名称表	运营参数	1	MACK	ACC	9.2.10
3008	系统故障代码	运营参数	1	MACK	MCC	9.2.11
3009	操作员表	运营参数	1	MACK	MCC	9.2.12
3010	MCC 本地语言资源文件	运营参数	1	MACK	MCC	9.2.13
3011	ACC 本地语言资源文件	运营参数	1	MACK	ACC	9.2.14
3012	时间同步	配置指令	1	MACK	—	9.4.4
3013	CVM/THM 运营参数	运营参数	1	MACK	MCC	9.2.15
3014	设置 SLE 节点标识	配置指令	1	MACK	—	9.4.5
3040	文本消息	配置指令	1	MACK	—	9.4.6

续表9.1.1

分类/类型码(HEX)	名称	分类	通信规程	应答方式	所有者	条款
3041	SOC广播	配置指令	1	MACK	—	9.4.7
3042	SC命令LOG消息	配置指令	1	MACK	—	9.4.8
3080	系统运行模式通知确认	配置指令	1	MACK	—	9.4.9
3081	MOC广播	配置指令	1	MACK	—	9.4.10
3082	站内换乘站映射关系	运营参数	1	MACK	ACC	9.2.16
3085	出站换乘站映射关系	运营参数	1	MACK	ACC	9.2.17
3086	ATVM车站位图	运营参数	1	MACK	ACC	9.2.18
3087	多点触摸主界面定义	运营参数	1	MACK	ACC	9.2.19
3088	多点触摸车站界面定义	运营参数	1	MACK	ACC	9.2.20
3089	九宫格主界面定义	运营参数	1	MACK	ACC	9.2.21
3090	九宫格车站界面定义	运营参数	1	MACK	ACC	9.2.22
3091	辅助提示信息文字	运营参数	1	MACK	ACC	9.2.23
3200	网络状态检测	设备状态报文	1	—	—	9.3.1
3201	二维码联机交易确认	交易数据报文	1	—	—	9.3.2
3202	二维码联机交易数据	交易数据报文	1	—	—	9.3.3
3203	二维码当前状态查询	设备状态报文	1	—	—	9.3.4

续表9.1.1

分类/类型码(HEX)	名称	分类	通信规程	应答方式	所有者	条款
3204	二维码更新交易确认	交易数据报文	1	—	—	9.3.5
4001	节日表	车票参数	1	MACK	ACC	9.2.24
4002	车票类型表	车票参数	1	MACK	ACC	9.2.25
4003	费率表	车票参数	1	MACK	ACC	9.2.26
4004	区域表	车票参数	1	MACK	ACC	9.2.27
4006	非高峰时段表	车票参数	1	MACK	ACC	9.2.28
4007	车票黑名单-全量	车票参数	1	MACK	ACC	9.2.29
4008	车票黑名单-增量	车票参数	1	MACK	ACC	9.2.30
4009	车票类型对应关系	车票参数	1	MACK	ACC	9.2.31
4015	手机支付映射关系	车票参数	1	MACK	ACC	9.2.32
4016	手机支付交易终端	车票参数	1	MACK	ACC	9.2.33
4020	交通部白名单	车票参数	1	MACK	ACC	9.2.34
4021	交通部黑名单	车票参数	1	MACK	ACC	9.2.35
4026	二维码根证书文件	车票参数	1	MACK	ACC	9.2.36
5000	当前参数版本检查	配置指令	1	—	—	9.4.11
5001	当前参数版本查询	配置指令	4	—	—	9.4.12
5002	将来参数版本查询	配置指令	1	—	—	9.4.13
5003	将来参数版本检查	配置指令	1	—	—	9.4.14
5004	参数版本同步	配置指令	1	MACK	—	9.4.15
5005	查询软件版本	配置指令	4	—	—	9.4.16
5007	索取终端设备日志	配置指令	4	MACK	—	9.4.17

续表9.1.1

分类/类型码(HEX)	名称	分类	通信规程	应答方式	所有者	条款
5015	新软件版本查询	配置指令	4	—	—	9.4.18
5040	AGM 维护寄存器数据	维护数据报文	SLE→SC:1 SC→MCC:2	MACK	—	9.3.6
5041	设备状态	设备状态报文	SLE→SC:1 SC→MCC:2	MACK	—	9.3.7
5042	操作员签到/签退	设备状态报文	1	MACK	—	9.3.8
5043	设备部件信息	设备状态报文	SLE→SC:1 SC→MCC:2	MACK	—	9.3.9
5044	新设备状态	设备状态报文	SLE→SC:1 SC→MCC:2	MACK	—	9.3.10
6000	收益寄存器数据	收益数据报文	SLE→SC:1 SC→MCC:2	MACK	—	9.3.11
6001	BOM/THM 收益寄存器数据	收益数据报文	SLE→SC:1 SC→MCC:2	MACK	—	9.3.12
6002	城市轨道交通专用车票交易数据	交易数据报文	SLE→SC:1 SC→MCC:2 MCC→ACC:2	MACK	—	9.3.13
6003	交通卡交易数据	交易数据报文	SLE→SC:1 SC→MCC:2 MCC→ACC:2	MACK	—	9.3.14
6004	索取交易数据	查询指令	1	MACK	—	9.4.19
6015	查询设备最新交易流水号	查询指令	4	MACK	—	9.4.20
6016	交通部城市公共交通卡交易报文	交易数据报文	SLE→SC:1 SC→MCC:2 MCC→ACC:2	MACK	—	9.3.15
6023	手机支付新功能专用交易数据报文	交易数据报文	SLE→SC:1 SC→MCC:2 MCC→ACC:2	MACK	—	9.3.16

续表9.1.1

分类/类型码(HEX)	名称	分类	通信规程	应答方式	所有者	条款
6026	二维码脱机交易数据报文	交易数据报文	SLE→SC:1 SC→MCC:2 MCC→ACC:2	MACK	—	9.3.17
6033	员工卡支付专用交易数据报文	交易数据报文	SLE→SC:1 SC→MCC:2 MCC→ACC:2	MACK	—	9.3.18
6040	客流寄存器数据	客流数据报文	SC→MCC:2	MACK	—	9.3.19
6102	上海轨道交通专用二维码交易报文	交易数据报文	SLE→SC:1 SC→MCC:2 MCC→ACC:2	MACK	—	9.3.20
8101	ATVM申请支付二维码报文	交易数据报文	1	MACK	—	9.3.21
8102	ATVM付款结果通知报文	交易数据报文	1	MACK	—	9.3.22
8103	ATVM取消支付报文	交易数据报文	1	MACK	—	9.3.23
8104	ATVM部分退款报文	交易数据报文	1	MACK	—	9.3.24
8105	ATVM购票结果通知报文	交易数据报文	1	MACK	—	9.3.25
8130	BOM二维码支付业务	交易数据报文	1	MACK	—	9.3.26
8131	BOM二维码取消支付业务	交易数据报文	1	MACK	—	9.3.27

9.2 参 数

9.2.1 1040 车站配置参数用于配置 SC 车站名称、运营时间和设备组定义块等内容，格式应符合表 9.2.1 的规定。

表 9.2.1 车站配置参数格式

字段	定义	类型	长度(字节)
参数版本	—	Long	4
生效时间	包含年月日时分秒，格式为“YYYYMMDDhhmmss”，程序传输的数值等于从1970年1月1日0时0分0秒起到所填时刻经过的秒数	Long	4
车站标识码	SC 节点标识码	Block	4
站点/位置号	—	Word	2
车站简称(英文)	—	String	6
车站名称(英文)	—	String	32
车站名称(中文)	结合“3010 本地语言资源文件”参数配置	Pointer	4
主线路标识码	所属线路 MCC 节点标识码	Block	4
保留	全填0，转发方原样转发，执行方忽略本字段	Block	56
保留	全填0，转发方原样转发，执行方忽略本字段	Block	56
保留	全填0，转发方原样转发，执行方忽略本字段	Byte	1
保留	全填0，转发方原样转发，执行方忽略本字段	Word	2
车站运营时间	Byte0：第一列车离开前的1 h为运营开始时间	Byte	3

续表9.2.1

字段	定义	类型	长度(字节)
车站运营时间	Byte1:最后一列车到达后的 1 h 为运营结束时间 Byte2:开始产生车站日终报告的时间 单位:15 min 范围:5～255 对应:本机时间 00:00—23:45	Byte	3
保留	全填 0,转发方原样转发,执行方忽略本字段	Byte	1
设备组定义块记录,每条记录 12 字节,记录 16 条			16 ×12=192
组号	0:本记录未使用;1～16:组号	Byte	1
组名(英文)	—	String	7
组名(中文)	结合“3010 本地语言资源文件”参数配置	Pointer	4
SLE 配置记录,每条记录 16 字节,可记录 *N* 条			*N* ×16
本记录生效时间	包含年月日时分秒,格式为“YYYYMMDDhhmmss”,程序传输的数值等于从 1970 年 1 月 1 日 0 时 0 分 0 秒起到所填时刻经过的秒数	Long	4
设备节点码	—	Block	4
IP 地址	SLE 的 IP 地址	Long	4
服务端口	SLE 侦听的 TCP 服务端口	Word	2
属于组	0:本设备未定义组;1～16:本设备属于组号	Byte	1
设备类型	—	Byte	1

9.2.2 1041 车站布局图参数用于向 SC 配置 SLE 图元位置和大小等内容,格式应符合表 9.2.2 的规定。

表 9.2.2　车站布局图参数格式

字段	定义	类型	长度(字节)
参数版本	—	Long	4
生效时间	包含年月日时分秒,格式为“YYYYMMDDhhmmss”,程序传输的数值等于从1970年1月1日0时0分0秒起到所填时刻经过的秒数	Long	4
图元记录,每条记录14字节,可记录 N 条			$N\times14$
标识码	对于SLE图元,为节点标识码 对于其他图元 Byte0:0 Byte1～3:其他定义的标识码	Block	4
类型	对于SLE图元,为设备类型码,详见表7.0.2-2 对于其他图元 F0H:隔离栏杆 F1H:自由区 F2H:收费区 F3H:方向标 F4H:文本标识	Byte	1
x 坐标	线条图元中心线的左下端点、非线条图元的左下角为图元基准点 图元基准点的 x 坐标 单位:像素	Word	2
y 坐标	图元基准点的 y 坐标 单位:像素	Word	2
长度	仅对类型为隔离栏杆、自由区、收费区的图元有效 单位:像素	Word	2
宽度	仅对类型为隔离栏杆、自由区、收费区的图元有效 单位:像素	Word	2
角度	单位:15° 范围:0～23 对应:0°～345°	Byte	1

9.2.3 2000 线路内部通信参数用于向至 SC 或 SLE 配置信息交互双方的通信机制，格式应符合表 9.2.3 的规定。

表 9.2.3 线路内部通信参数格式

字段	定义	类型	长度(字节)
参数版本	—	Long	4
生效时间	包含年月日时分秒，格式为“YYYYMMDDhhmmss”，程序传输的数值等于从 1970 年 1 月 1 日 0 时 0 分 0 秒起到所填时刻经过的秒数	Long	4
重发前等待时间	重新发送交互请求消息前，等待交互应答消息的时间 单位：5 s	Byte	1
重发次数	达到指定次数后停止重发	Byte	1
等待建立连接的时间	发起连接请求后等待建立连接的时间 单位：5 s	Byte	1
未应答的交互数	允许未收到应答交互的最大个数	Byte	1
参数版本检查/同步时间	hhmm	N	4
运营日结束时间	hhmm	N	4
参数表等待时间	返回参数表应答后，等待接受参数表的时间 单位：5 s	Byte	1
应答超时时间	通信规程 4 交互中等待下游节点返回应答的时间	Byte	1
主服务器 IP 地址	上级节点 IP	Long	4
备服务器 IP 地址	若无，则填 0	Long	4
规程 1 服务端口	若无，则填 0	Word	2
规程 2 服务端口	若无，则填 0	Word	2
规程 3 服务端口	若无，则填 0	Word	2
规程 4 服务端口	若无，则填 0	Word	2

9.2.4 2080ACC 通信参数用于向 MCC 配置信息交互双方的通信机制，格式应符合表 9.2.4 的规定。

表 9.2.4 ACC 通信参数格式

字段	定义	类型	长度(字节)
参数版本	—	Long	4
生效时间	包含年月日时分秒，格式为"YYYYMMDDhhmmss"，程序传输的数值等于从 1970 年 1 月 1 日 0 时 0 分 0 秒起到所填时刻经过的秒数	Long	4
重发前等待时间	重新发送交互请求消息前，等待交互应答消息的时间 单位：5 s	Byte	1
重发次数	达到指定次数后停止重发	Byte	1
等待建立连接的时间	发起连接请求后等待建立连接的时间 单位：5 s	Byte	1
未应答的交互数	允许未收到应答交互的最大个数	Byte	1
参数版本检查/同步时间	hhmm	N	4
运营日结束时间	hhmm	N	4
参数表等待时间	返回参数表应答后，等待接受参数表的时间 单位：5 s	Byte	1
应答超时时间	通信规程 4 交互中等待下游节点返回应答的时间	Byte	1
主服务器 IP 地址	上级节点 IP	Long	4
备服务器 IP 地址	若无，则填 0	Long	4
规程 1 服务端口	若无，则填 0	Word	2
规程 2 服务端口	若无，则填 0	Word	2
规程 3 服务端口	若无，则填 0	Word	2
规程 4 服务端口	若无，则填 0	Word	2

9.2.5 3002 设备运行参数用于配置 SLE 寄存器数据报告间隔时间、车站运营时间和部件参数等内容，格式应符合表 9.2.5 的规定。

表 9.2.5 设备运行参数格式

字段	定义	类型	长度(字节)
参数版本	—	Long	4
生效时间	包含年月日时分秒，格式为“YYYYMMDDhhmmss”，程序传输的数值等于从1970 年 1 月 1 日 0 时 0 分 0 秒起到所填时刻经过的秒数	Long	4
维护寄存器数据的报告间隔时间变更表	用于设定维护寄存器数据上传的间隔时间。 8 个字节一组，组 0 对应周日，组 1～6 分别对应周一～周六。每组分为 4 个 2 字节记录，分别对应一天内的一次间隔时间变更。 每个间隔时间变更记录要求如下： Byte0：变更生效时间 单位：15 min 范围：0～95 对应：本机时间 00:00—23:45 Byte1：新的报告间隔时间 单位：1 min 范围：5～255 对应：5 min～4 h 15 min	Block	56
审计寄存器数据的报告间隔时间变更表	同“维护寄存器数据的报告间隔时间变更表”的定义	Block	56
车站运营时间	Byte0：第一列车离开前的 1 h 为运营开始时间 Byte1：最后一列车到达后的 1 h 为运营结束时间 Byte2：开始产生车站日终报告的时间 单位：15 min 范围：5～255 对应：本机时间 00:00—23:45	Byte	3

续表 9.2.5

字段	定义	类型	长度(字节)
部件参数块:			
1. 系统缺省参数块		Block	20
登录超时时间	限制时间内未完成登录操作,ATVM 向 SC 报警 单位:5 s	Byte	1
签退超时时间	限制时间内无任何操作则自动签退 单位:15 s	Word	2
操作等待时间	限制时间内无任何操作则交易取消 单位:5 s	Byte	1
交易存储满控制	0:交易存储满时覆盖最旧的交易 1:交易存储满时停止服务	Byte	1
报警时间	报警信号延迟时间 单位:5 s	Byte	1
提交交易数据笔数下限	限制交易笔数到则上传交易数据	Byte	1
提交交易数据时间上限	限制时间到上传交易数据 单位:5 s	Byte	1
BCU	基本资金单位,定义为 1(等于 0.01 元人民币)	Word	2
设备状态定时上传时间间隔	限制时间到上传设备状态信息 单位:5 s	Byte	1
保留	全填 0,转发方原样转发,执行方忽略本字段	Byte	9
2. 硬币处理部件参数块		Block	17
保留	全填 0,转发方原样转发,执行方忽略本字段	Word	2
硬币补币箱将空百分比	当硬币不大于此百分比时,触发“硬币补币箱将空”报警 范围:0～100	Byte	1

续表9.2.5

字段	定义	类型	长度(字节)
保留	全填0,转发方原样转发,执行方忽略本字段	Byte	1
保留	全填0,转发方原样转发,执行方忽略本字段	Byte	1
硬币回收箱将满百分比	当硬币不小于此百分比时,触发“硬币回收箱将满”报警 范围:0～100	Byte	1
硬币回收箱满百分比	当硬币不小于此百分比时,触发“硬币回收箱满”报警 范围:0～100	Byte	1
硬币回收箱容量	硬币回收箱中可存放硬币数	Long	4
硬币找零箱最低报警参数	—	Word	2
硬币找零箱最大容量	—	Word	2
硬币找零箱将满百分比	当硬币找零箱中硬币不小于此百分比时,触发“硬币找零箱将满”报警 范围:0～100	Byte	1
硬币找零箱满百分比	当硬币找零箱中硬币不小于此百分比时,触发“硬币找零箱满”报警 范围:0～100	Byte	1
3. 纸币处理部件参数块		Block	15
纸币回收箱将满百分比	当纸币回收箱中纸币不小于此百分比时,触发“纸币回收箱将满”报警 范围:0～100	Byte	1
纸币回收箱满百分比	当纸币回收箱中纸币不小于此百分比时,触发“纸币回收箱满”报警 范围:0～100	Byte	1
纸币找零箱将空百分比	当纸币找零箱中纸币不大于此百分比时,触发“纸币找零箱将空”报警 范围:0～100	Byte	1

续表9.2.5

字段	定义	类型	长度(字节)
纸币找零箱最大容量	纸币找零箱允许存放的最大纸币张数	Byte	1
保留	全填0,转发方原样转发,执行方忽略本字段	Byte	1
保留	全填0,转发方原样转发,执行方忽略本字段	Byte	1
保留	全填0,转发方原样转发,执行方忽略本字段	Word	2
纸币循环箱1面额	—	Byte	1
纸币循环箱2面额	—	Byte	1
纸币循环箱3面额	—	Byte	1
纸币循环箱4面额	—	Byte	1
保留	全填0,转发方原样转发,执行方忽略本字段	Byte	3
4. 车票处理部件参数块		Block	16
保留	全填0,转发方原样转发,执行方忽略本字段	Byte	1
保留	全填0,转发方原样转发,执行方忽略本字段	Byte	1
报警前读写失败次数	连续读/写失败次数达到限值触发报警 bit0～7:连续读失败次数 bit4～7:连续写失败次数	Byte	1
保留	全填0,转发方原样转发,执行方忽略本字段	Word	2
保留	全填0,转发方原样转发,执行方忽略本字段	Byte	1
保留	全填0,转发方原样转发,执行方忽略本字段	Byte	1

续表9.2.5

字段	定义	类型	长度(字节)
保留	全填0,转发方原样转发,执行方忽略本字段	Byte	1
保留	全填0,转发方原样转发,执行方忽略本字段	Byte	1
保留	全填0,转发方原样转发,执行方忽略本字段	Byte	7
5. 智能卡处理部件参数块		Block	16
报警前读写失败次数	连续读/写失败次数达到限值触发报警 bit0～3:连续读失败次数,为0则不报警 bit4～7:连续写失败次数,为0则不报警	Byte	1
保留	全填0,转发方原样转发,执行方忽略本字段	Byte	15

9.2.6 3003ATVM运行参数用于配置ATVM购票方式、找零方式和工作模式等内容,格式应符合表9.2.6的规定。

表9.2.6 ATVM运行参数格式

字段	定义	类型	长度(字节)
参数版本	—	Long	4
生效时间	包含年月日时分秒,格式为"YYYYMMDDhhmmss",程序传输的数值等于从1970年1月1日0时0分0秒起到所填时刻经过的秒数	Long	4
购票数限制	单次购票的最大数量	Byte	1
取票超时时间	车票停留在出票口时间达到限值,ATVM发出报警信号和故障消息 单位:5 s	Byte	1
投币等待时间	限制时间内无投币操作则取消该交易 单位:5 s	Byte	1

续表9.2.6

字段	定义	类型	长度(字节)
允许发售的车票类型	每 bit 对应 1 种票型,设为 1 代表允许发售。 Byte0, bit0～7:车票类型代码 100～107 Byte1, bit0～7:车票类型代码 108～115 …… Byte19,bit0～3:车票类型代码 252～255 Byte19,bit4～7:保留	Byte	20
工作模式设置	对应位设置为 1 表示有效或允许。 Byte0 的 8 位定义如下: bit0:找零/非找零模式;0:无找零;1:找零 bit1:保留 bit2:是否允许使用硬币购票;0:不允许;1:允许 bit3:是否允许使用纸币购票 bit4:是否允许使用信用卡购票 bit5:是否允许使用交通卡购票 bit6～7:保留 Byte1:保留	Byte	2
保留	全填 0,转发方原样转发,执行方忽略本字段	Byte	4
允许使用硬币类型	对应位设置为 1 表示有效或允许。 bit0:1 角;bit1:5 角; bit2:1 元;bit3～7:保留	Byte	1
允许使用纸币类型	每种面额的纸币分新旧两种,低 bit 表示旧版本,高 bit 表示新版本,对应位设置为 1 表示有效或允许。 Byte0: bit0～1:1 元;bit2～3:2 元; bit4～5:5 元;bit6～7:10 元 Byte1: bit0～1:20 元;bit2～3:50 元; bit4～5:100 元;bit6～7:保留 Byte2～3:保留	Byte	4
找零允许使用的硬币类型	对应位设置为 1 表示有效或允许。 bit0:1 角;bit1:5 角; bit2:1 元;bit3～7:保留	Byte	1

续表9.2.6

字段	定义	类型	长度(字节)
找零允许的最大硬币个数	—	Byte	1
找零允许的最多纸币张数	—	Byte	1
找零允许使用的纸币类型	每种面额的纸币分新旧两种,低 bit 表示旧版本,高 bit 表示新版本,对应位设置为 1 表示有效或允许。 Byte0: bit0～1:1 元;bit2～3:2 元; bit4～5:5 元;bit6～7:10 元 Byte1: bit0～1:20 元;bit2～3:50 元; bit4～5:100 元;bit6～7:保留 Byte2～3:保留	Byte	4
找零允许最大金额	—	Long	4
保留	全填 0,转发方原样转发,执行方忽略本字段	Byte	1
故障工作方式	bit0: 0:纸币、硬币设备仅一种发生故障,另一种继续工作 1:纸币、硬币设备仅一种发生故障,ATVM 停机 bit1～7:保留	Byte	1
设备配置参数	bit0～7:ATVM 售票的车票类型 对于硬币、纸币找零模式: 00:无找零 01:无找零,找头给下一顾客 10:找零 11:找零或找头给下一顾客 bit8～9:硬币找零模式 bit10～11:纸币找零模式 bit12～15:保留	Word	2

续表9.2.6

字段	定义	类型	长度(字节)
当前按钮区域码定义	Byte0:按钮 1 的区域码 Byte1:按钮 2 的区域码 …… Byte15:按钮 16 的区域码	Block	16
将来按钮区域码定义	格式同当前按钮区域码定义	Block	16
按钮可用标志	Byte15:按钮 9～16 的当前按钮可用标志 bit0:按钮 9;bit7:按钮 16 Byte14:按钮 1～8 的当前按钮可用标志 bit0:按钮 1; bit7:按钮 8 Byte13:按钮 9～16 的将来按钮可用标志 bit0:按钮 9;bit7:按钮 16 Byte12:按钮 1～8 的将来按钮可用标志 bit0:按钮 1; bit7:按钮 8 Byte0～11:保留	Block	16
保留	全填 0,转发方原样转发,执行方忽略本字段	Byte	4

9.2.7 3004BOM 运行参数用于配置 BOM 交易超时时间、高峰时拒绝车票类型等内容,格式应符合表 9.2.7 规定。

表 9.2.7 BOM 运行参数格式

字段	定义	类型	长度(字节)
参数版本	—	Long	4
生效时间	包含年月日时分秒,格式为"YYYYMMDDhhmmss",程序传输的数值等于从 1970 年 1 月 1 日 0 时 0 分 0 秒起到所填时刻经过的秒数	Long	4
交易超时时间	取消本次交易前须等待的时间 单位:5 s	Byte	1
设备配置参数	定义乘客可用的功能和高峰时段 AFC 设备运行模式。 功能定义如下:	Word	2

续表9.2.7

字段	定义	类型	长度(字节)
设备配置参数	bit0:可接受城市轨道交通专用车票 bit1:可接受二维码 bit2:保留 bit3:保留 bit4:可接受交通卡 bit5:可接受手机支付 bit6:可接受银行卡 bit7:可接受新员工卡 对于上午高峰时段、下午高峰时段和非高峰时段模式: 00:保留 01:BOM 10:EFO 11:BOM/EFO bit8～9:上午高峰时段模式 bit10～11:下午高峰时段模式 bit12～13:非高峰时段模式 bit14～15:保留 是否高峰时段由 4006 非高峰时段表参数记录 0 决定	Word	2
高峰时拒绝的车票类型	256 bit 的数组,每 bit 对应一种车票类型,设为 1 时此车票类型在高峰时段将被拒绝。 Byte0, bit0:车票类型 0 …… Byte0, bit7:车票类型 7 Byte1, bit0:车票类型 8 …… Byte31, bit7:车票类型 255	Block	32
非高峰时拒绝的车票类型	格式同高峰时拒绝的车票类型	Block	32
监控设备的位数组	SC 将关键信息如审计寄存器和本字段设定设备的设备状态传送给本 BOM 每 bit 对应本车站的一个设备,若设为 1,则本 BOM 监控相应设备 Byte0, bit0～7,对应设备编码 00H～07H Byte31, bit0～7,对应设备编码 F8H～FFH	Block	32

9.2.8 3005AGM运行参数用于配置AGM交易超时时间、可用车票类型和不可用车票类型等内容，格式应符合表9.2.8的规定。

表9.2.8 AGM运行参数格式

字段	定义	类型	长度(字节)
参数版本	—	Long	4
生效时间	包含年月日时分秒，格式为“YYYYMMDDhhmmss”，程序传输的数值等于从1970年1月1日0时0分0秒起到所填时刻经过的秒数	Long	4
随申码控制参数	0:允许进站 1:不允许进站 bit0:绿色 bit1:黄色 bit2:红色 bit3～7:保留	Byte	1
保留	全填0，转发方原样转发，执行方忽略本字段	Byte	1
释放时间	单位:5 s	Byte	1
保留	全填0，转发方原样转发，执行方忽略本字段	Word	2
保留	全填0，转发方原样转发，执行方忽略本字段	Word	2
保留	全填0，转发方原样转发，执行方忽略本字段	Long	4
最大接收车票数	检票后存储的最大未通过乘客数	Byte	1
交易超时时间	单位:5 s	Byte	1
设备配置参数	定义乘客可用的功能如高峰时段AFC设备运行模式。功能定义如下: bit0:可接受城市轨道交通专用车票 bit1:可接受二维码 bit2:保留 bit3:保留	Word	2

续表9.2.8

字段	定义	类型	长度(字节)
设备配置参数	bit4:可接受交通卡 bit5:可接受手机支付 bit6:可接受银行卡 bit7:可接受新员工卡 bit8～15:保留	Word	2
高峰时拒绝的车票类型	256 bit 的数组,每 bit 对应一种车票类型,设为 1 时此车票类型将被拒绝。 Byte0, bit0:车票类型 0 …… Byte0, bit7:车票类型 7 Byte1, bit0:车票类型 8 …… Byte31, bit7:车票类型 255	Block	32
非高峰时拒绝的车票类型	格式同高峰时拒绝的车票类型	Block	32

9.2.9 3006 车站名称/线路设置表参数用于配置 SLE 的车站名称、SC 标识码等内容,格式应符合表 9.2.9 的规定。

表 9.2.9 车站名称/线路设置表参数格式

字段	定义	类型	长度(字节)
参数版本	—	Long	4
生效时间	包含年月日时分秒,格式为"YYYYMMDDhhmmss",程序传输的数值等于从 1970 年 1 月 1 日 0 时 0 分 0 秒起到所填时刻经过的秒数	Long	4
车站记录,每条记录 40 字节,可记录 N 条			$N\times40$
车站标识码	SC 节点标识码	Block	4
车站名称(英文)	—	String	32
车站名称(中文)	结合"3011ACC 本地语言资源文件"参数配置	Pointer	4

9.2.10 3007线路名称表参数用于配置SLE的线路名称、MCC标识码等内容，格式应符合表9.2.10的规定。

表9.2.10 线路名称表请求报文格式

字段	定义	类型	长度(字节)
参数版本	—	Long	4
生效时间	包含年月日时分秒，格式为"YYYYMMDDhhmmss"，程序传输的数值等于从1970年1月1日0时0分0秒起到所填时刻经过的秒数	Long	4
线路记录，每条记录40字节，可记录*N*条			*N*×40
MCC标识码	MCC的节点标识码	Block	4
线路名称(英文)	—	String	32
线路名称(中文)	结合"3011ACC本地语言资源文件"参数配置	Pointer	4

9.2.11 3008系统故障代码参数用于配置SLE事件代码、事件描述和事件类别等内容，格式应符合表9.2.11-1、表9.2.11-2和表9.2.11-3的规定。

表9.2.11-1 系统故障代码参数格式

字段	定义	类型	长度(字节)
参数版本	—	Long	4
生效时间	包含年月日时分秒，格式为"YYYYMMDDhhmmss"，程序传输的数值等于从1970年1月1日0时0分0秒起到所填时刻经过的秒数	Long	4
故障代码记录，每条记录40字节，可记录*N*条			*N*×40
事件代码	高6位：厂商代码 低10位：事件代码，参见表9.2.11-2	Word	2
事件描述(英文)	—	String	32

续表9.2.11-1

字段	定义	类型	长度(字节)
事件描述(中文)	需结合“3010 本地语言资源文件”参数配置	Pointer	4
事件类别	0:正常服务;1:由操作员关闭;2:操作员注意;3:功能受限;4:维护门被打开;5:停止服务 详见表 9.2.11-3	Byte	1
保留	全填 0,转发方原样转发,执行方忽略本字段	Byte	1

表 9.2.11-2　事件代码报文格式

代码	描述	事件源					事件类别	备注
		SC	MCC	AGM	BOM	ATVM/CVM		
0	正常	√	√	√	√	√	0	—
1	RAM 内存故障	N/A	N/A	N/A	N/A	N/A	N/A	—
3	时钟错	√	√	√	√	√	5	时钟无法同步
4	设备未初始化	√	√	√	√	√	2	—
7	LV2 通信故障	√	—	—	—	—	5	与 SC 中断
8	连续通信故障	√	√	—	√	—	5	与 SC 中断
9	定时器故障	√		√	√	√	2	—
10	硬币接收器寄存器 25 错	—	—	—	—	√	2	—
11	票在供给器中卡住	—	—	√	√	√	5	ATVM、BOM 发票口卡票
12	票在传送中卡住	—	—	√	√	√	5	传送带卡票

续表9.2.11-2

代码	描述	事件源					事件类别	备注
		SC	MCC	AGM	BOM	ATVM/CVM		
14	LV1 通信故障	—	—	—	—	—	5	SC 与 MCC 中断
15	账号未登录	—	√	—	√	√	4	原安全性遭入侵，纸币回收箱被取出
16	未配置	√	√	—	—	—	—	—
17	消息重试超过限定次数	√	√	—	—	—	—	—
18	无效的 IP 地址	√	√	—	—	—	—	—
19	无效的子部件	√	√	—	—	—	—	—
20	启动协议冲突	√	√	—	—	—	—	—
21	堆票机构 1 卡住	—	—	√	—	—	3	票箱 1 卡票；回收票筒 1 未就绪
22	堆票机构 2 卡住	—	—	√	—	—	3	票箱 2 卡票；回收票筒 2 未就绪
23	状态同步	√	√	√	√	√	2	—
24	堆票机构 4 卡住	N/A	—	N/A	N/A	N/A	N/A	—
25	堆票机构 5 卡住	N/A	—	N/A	N/A	N/A	N/A	—
29	维护面板故障	—	—	—	—	√	3	—
31	目标选择按钮卡住	—	—	—	—	√	2	—
32	不正确的车票类型错误	—	—	—	—	√	3	—

续表9.2.11-2

代码	描述	事件源					事件类别	备注
		SC	MCC	AGM	BOM	ATVM/CVM		
33	审计寄存器失效	—	—	√	√	√	2	—
34	拒绝票箱满	—	—	—	—	√	2	—
37	障碍杆传感器1堵塞	—	—	√	—	—	2	—
38	障碍杆传感器2堵塞	—	—	√	—	—	2	—
39	障碍杆传感器3堵塞	—	—	√	—	—	2	—
40	障碍杆传感器4堵塞	—	—	√	—	—	2	—
41	分币器卡住	—	—	—	—	√	5	—
43	PC硬件故障	—	√	√	√	√	5	—
45	硬币系统分配错	N/A	N/A	N/A	N/A	N/A	N/A	—
46	钱箱进币口开	—	—	—	—	√	2	—
47	钱箱进币口未锁	—	—	—	—	√	2	—
48	钱箱进币口开（无钥匙）	—	—	—	—	√	2	—
49	磁盘错	√	√	√	√	√	5	磁盘空间不足
50	ROM存储器故障	N/A	N/A	N/A	N/A	N/A	N/A	—
51	出站模式，正常打开	N/A	N/A	N/A	N/A	N/A	N/A	—
52	进站模式，正常打开	N/A	N/A	N/A	N/A	N/A	N/A	—

续表9.2.11-2

代码	描述	事件源					事件类别	备注
		SC	MCC	AGM	BOM	ATVM/CVM		
53	出站模式，正常关闭	N/A	N/A	N/A	N/A	N/A	N/A	—
54	进站模式，正常关闭	N/A	N/A	N/A	N/A	N/A	N/A	—
55	关闭	—	√	√	√	√	1	—
56	进/出站免检	—	—	√	√	—	2	—
57	日期/时间免检	—	—	√	√	—	2	—
58	测试模式	—	√	√	√	√	5	—
59	登录	√	√	—	√	√	2	—
60	连续的编码/验证失败	—	—	—	√	√	5	ATVM、BOM 同一张卡连续发卡失败
61	票箱1将满	—	—	√	—	—	2	回收票箱1将满720张
62	紧急开	√	√	√	√	√	5	紧急模式
63	障碍杆强制开	—	—	√	—	—	5	三杆落杆或故障
64	障碍杆卡住	—	—	√	—	—	5	—
65	票箱1被取出	—	—	√	—	—	2	—
66	票箱1满	—	—	√	—	—	2	回收票箱1超720张
67	营运结束	√	—	√	√	√	1	—
68	打印机缓冲区满	—	—	—	√	—	—	—
71	开启	—	√	√	√	√	0	—

续表9.2.11-2

代码	描述	事件源					事件类别	备注
		SC	MCC	AGM	BOM	ATVM/CVM		
72	使用黑名单上的票	—	√	√	√	—	4	—
73	打折票	N/A	N/A	N/A	N/A	N/A	N/A	—
74	票箱2被取出	—	—	√	—	—	2	—
75	票箱2满	—	—	√	—	—	2	回收票箱2超720张
76	无找零模式	—	—	—	—	√	2	ATVM 无纸币找零
77	门被打开	—	—	√	—	√	4	—
78	门被用钥匙开锁	—	—	√	—	√	4	—
79	票箱2将满	—	—	√	—	—	2	回收票箱2将满720张
83	堆票机构3卡住	N/A	N/A	N/A	N/A	N/A	N/A	—
86	转向器失效	—	—	√	—	—	3	—
87	重置管1和2	—	—	—	—	√	2	—
88	保留	N/A	N/A	N/A	N/A	N/A	N/A	—
89	保留	N/A	N/A	N/A	N/A	N/A	N/A	—
90	保留	N/A	N/A	N/A	N/A	N/A	N/A	—
91	保留	N/A	N/A	N/A	N/A	N/A	N/A	—
92	保留	N/A	N/A	N/A	N/A	N/A	N/A	—
93	保留	N/A	N/A	N/A	N/A	N/A	N/A	—
94	保留	N/A	N/A	N/A	N/A	N/A	N/A	—
95	欠费免检	√	√	√	√	—	2	超程免检

续表9.2.11-2

代码	描述	事件源					事件类别	备注
		SC	MCC	AGM	BOM	ATVM/CVM		
96	脱机交易模式	—	—	√	—	—	—	—
97	列车故障模式	√	√	√	√	—	2	—
98	BOM/EFO 模式	—	—	—	√	—	—	—
99	进站读写器通信故障	—	—	√	—	—	—	—
100	出站多合一读写器通信故障	—	—	√	—	—	—	—
101	保留	—	—	—	—	—		—
102	电源故障	√	—	—	—	—	5	—
104	停止服务测试	√	√	√	√	√	5	—
105	分票器错误	—	—	√	—	—	3	—
106	车票发行限制	N/A	N/A	N/A	N/A	N/A	—	—
107	E/S 车票传输装置错误	—	√	—	—	—	—	—
108	E/S 安全 SN 设备故障	—	√	—	—	—	—	—
109	E/S 电子控制线路错误	—	√	—	—	—	—	—
110	E/S 票箱错误	—	√	—	—	—	—	—
111	市电断电	√	—	—	√	√	2	—
112	票箱 1 将空	—	—	—	√	√	2	—
113	票箱 1 空	—	—	—	√	√	2	—
114	票箱 2 将空	—	—	—	—	√	2	—

续表9.2.11-2

代码	描述	事件源					事件类别	备注
		SC	MCC	AGM	BOM	ATVM/CVM		
115	票箱2空	—	—	—	—	√	2	—
116	废票箱满	—	—	—	—	√	5	—
117	进站端读写器故障	—	—	√	—	—	5	—
118	出站外置读写器故障	—	—	√	—	—	5	—
119	出站内置读写器故障	—	—	√	—	—	3	—
120	ATVM读写器1故障	—	—	—	—	√	5	单程票读写器
121	ATVM读写器2故障	—	—	—	—	√	3	—
122	BOM读写器1故障	—	—	—	√	—	5	IC卡读写器故障
123	BOM读写器2故障	—	—	—	√	—	5	手机钱包读写器
124	阻挡机构故障	—	—	√	—	—	5	三杆或扇门
125	通道传感器故障	—	—	√	—	—	5	仅门式检票机有效
126	票卡回收机构故障	—	—	√	—	—	3	—
127	纸币回收模块故障	—	—	—	—	√	3	—
128	纸币找零模块故障	—	—	—	—	√	3	—
129	硬币处理模块故障	—	—	—	—	√	5	—

续表9.2.11-2

代码	描述	事件源					事件类别	备注
		SC	MCC	AGM	BOM	ATVM/CVM		
130	票卡发售模块故障	—	—	—	√	√	5	—
131	运营状态显示屏故障	—	—	—	—	√	3	—
132	打印机故障	√	—	—	√	√	—	—
133	UPS通信故障	√	—	—	√	√	5	—
135	只收纸币	—	—	—	—	√	3	—
136	只收硬币	—	—	—	—	√	3	—
137	硬币回收箱不在位	—	—	—	—	√	3	—
138	硬币回收箱将满	—	—	—	—	√	2	—
139	硬币回收箱满	—	—	—	—	√	2	—
140	纸币回收箱不在位	—	—	—	—	√	3	—
141	纸币回收箱将满	—	—	—	—	√	2	—
142	纸币回收箱满	—	—	—	—	√	2	—
143	硬币找零箱1不在位	—	—	—	—	√	3	
144	硬币找零箱1将空	—	—	—	—	√	2	1元硬币
145	硬币找零箱1空	—	—	—	—	√	2	
146	硬币找零箱2不在位	—	—	—	—	√	3	
147	硬币找零箱2将空	—	—	—	—	√	2	5角硬币
148	硬币找零箱2空	—	—	—	—	√	2	

续表9.2.11-2

代码	描述	事件源					事件类别	备注
		SC	MCC	AGM	BOM	ATVM/CVM		
149	纸币找零箱1不在位	—	—	—	—	√	3	—
150	纸币找零箱1将空	—	—	—	—	√	2	—
151	纸币找零箱1空	—	—	—	—	√	2	—
152	纸币找零箱2不在位	—	—	—	—	√	3	—
153	纸币找零箱2将空	—	—	—	—	√	2	—
154	纸币找零箱2空	—	—	—	—	√	2	—
155	纸币找零废币箱不在位	—	—	—	—	√	2	—
156	纸币找零废币箱满	—	—	—	—	√	2	—
157	硬币循环斗1不在位	—	—	—	—	√	3	1元硬币
158	硬币循环斗1将空	—	—	—	—	√	2	
159	硬币循环斗1空	—	—	—	—	√	2	
160	硬币循环斗1将满	—	—	—	—	√	2	
161	硬币循环斗1满	—	—	—	—	√	2	
162	硬币循环斗2不在位	—	—	—	—	√	3	5角硬币
163	硬币循环斗2将空	—	—	—	—	√	2	

续表9.2.11-2

代码	描述	事件源					事件类别	备注
		SC	MCC	AGM	BOM	ATVM/CVM		
164	硬币循环斗2空	—	—	—	—	√	2	5角硬币
165	硬币循环斗2将满	—	—	—	—	√	2	
166	硬币循环斗2满	—	—	—	—	√	2	
167	硬币补充箱1不在位	—	—	—	—	√	2	1元硬币
168	硬币补充箱2不在位	—	—	—	—	√	2	5角硬币
169	非法操作硬币回收箱	—	—	—	—	√	2	—
170	非法操作纸币回收箱	—	—	—	—	√	2	—
171	非法操作硬币找零箱1	—	—	—	—	√	2	—
172	非法操作硬币找零箱2	—	—	—	—	√	2	—
173	非法操作纸币找零箱1	—	—	—	—	√	2	—
174	非法操作纸币找零箱2	—	—	—	—	√	2	—
175	硬币接收卡币	—	—	—	—	√	5	识别器卡币
176	硬币找零卡币	—	—	—	—	√	5	—
177	纸币接收卡币	—	—	—	—	√	3	—
178	纸币找零卡币	—	—	—	—	√	3	—
179	少找零/多找零	—	—	—	—	√	2	程序重启后清除
180	少出票/多出票	—	—	—	√	√	2	

续表9.2.11-2

代码	描述	事件源					事件类别	备注
		SC	MCC	AGM	BOM	ATVM/CVM		
221	参数初始化失败	—	—	√	—	—	5	—
223	三杆/扇门通信故障	—	—	√	—	—	5	—
226	三杆落杆/扇门不在位	—	—	√	—	—	5	—
227	TAC错	—	—	√	—	—	2	—
300	专用找零锁被打开	—	—	—	—	√	3	—
301	循环找零锁被打开	—	—	—	—	√	3	—
302	硬币回收箱入口堵	—	—	—	—	√	3	—
303	硬币模块未就位	—	—	—	—	√	3	—
304	清币闸门故障	—	—	—	—	√	3	—
305	硬币提升机构故障	—	—	—	—	√	3	—
306	票卡发售暂存故障	—	—	—	—	√	2	—
310	纸币识别器通信故障	—	—	—	—	√	3	—
311	纸币识别器模式故障	—	—	—	—	√	3	—
312	纸币识别器锁被打开	—	—	—	—	√	3	—
313	纸币补币箱不在位	—	—	—	—	√	3	—

续表9.2.11-2

代码	描述	事件源					事件类别	备注
		SC	MCC	AGM	BOM	ATVM/CVM		
314	纸币补币箱将空	—	—	—	—	√	2	—
315	纸币补币箱空	—	—	—	—	√	2	—
320	文件操作失败	—	—	√	√	√	2	—
325	交通卡卡座通信故障	—	—	—	—	√	3	—
330	纸币找零运行故障	—	—	—	—	√	3	—
331	纸币找零箱信息错误	—	—	—	—	√	3	—
332	纸币循环找零箱故障	—	—	—	—	√	3	—
335	纸币找零箱读写器通信故障	—	—	—	—	√	3	—

表 9.2.11-3 事件类别

类别	名称	描述	SOC图像显示效果
0	正常服务	只有设置无需处理	正常服务时，设备显示绿色标识，检票机上有箭头显示客流方向
1	由操作员关闭	关闭设备	关闭设备后，设备显示白色标识，检票机上无箭头
2	操作员注意	设备发生事件待处理可正常服务	票箱满时，设备显示白色闪烁标识直到状态恢复到正常情况
3	功能受限	设备发生故障无法正常工作待处理	卡回收模块故障或维护面板故障时，设备显示黄色闪烁标识，检票机上无箭头

续表9.2.11-3

类别	名称	描述	SOC图像显示效果
4	维护门被打开	设备维护门开启待处理	设备维护门开启时，设备显示黄色标识并发出报警声直到操作员响应或者状态恢复
5	停止服务	设备暂停服务 处理等级最高	阻挡机构故障，设备显示红色闪烁标识并发出报警声直到状态恢复或操作员响应，检票机上无箭头

9.2.12 3009操作员表参数用于向SLE配置加密后的PIN、操作员类别和可访问设备类别等内容，格式应符合表9.2.12的规定。

表9.2.12 操作员表参数格式

字段	定义	类型	长度(字节)
参数版本	—	Long	4
生效时间	包含年月日时分秒，格式为“YYYYMMDDhhmmss”，程序传输的数值等于从1970年1月1日0时0分0秒起到所填时刻经过的秒数	Long	4
操作员记录，每条记录50字节，可记录 N 条			$N\times50$
操作员编号	—	Long	4
加密后的PIN	操作员PIN使用6个字节的string类型密码，采用MD5算法生成摘要的前8字节	Block	8
操作员类别	0:票款员 1:售票员 2:维护人员(无收益数据访问权限) 3:车站站长 4:设备技术人员 5:编码人员 6～15:保留	Byte	1

续表9.2.12

字段	定义	类型	长度(字节)
可访问设备类别	bit0:保留 bit1:BOM bit2:保留 bit3:SOC bit4:ATVM、CVM bit5:E/S bit6～7:保留	Byte	1
保留	全填0,转发方原样转发,执行方忽略本字段	Byte	32
过期日期	包含年月日时分秒,格式为"YYYYMMDDhhmmss",程序传输的数值等于从1970年1月1日0时0分0秒起到所填时刻经过的秒数	Long	4

9.2.13 3010MCC本地语言资源文件参数用于向SC和SLE配置数据块,格式应符合表9.2.13的规定。

表9.2.13 MCC本地语言资源文件参数格式

字段	定义	类型	长度(字节)
参数版本	—	Long	4
生效时间	包含年月日时分秒,格式为"YYYYMMDDhhmmss",程序传输的数值等于从1970年1月1日0时0分0秒起到所填时刻经过的秒数	Long	4
数据块	长度在包头的记录数字段中	Block	不定

9.2.14 3011ACC本地语言资源文件参数用于向SC和SLE配置数据块,格式应符合表9.2.14的规定。

表9.2.14 ACC本地语言资源文件参数格式

字段	定义	类型	长度(字节)
参数版本	—	Long	4

续表9.2.14

字段	定义	类型	长度(字节)
生效时间	包含年月日时分秒，格式为"YYYYMMDDhhmmss"，程序传输的数值等于从1970年1月1日0时0分0秒起到所填时刻经过的秒数	Long	4
数据块	长度在包头的记录数字段中	Block	不定

9.2.15 3013CVM/THM运营参数用于向CVM/THM配置投币等待时间、允许加值的卡片类型、工作模式设置和允许使用纸币等内容，格式应符合表9.2.15的规定。

表9.2.15 CVM/THM运营参数格式

字段	定义	类型	长度(字节)
参数版本	—	Long	4
生效时间	包含年月日时分秒，格式为"YYYYMMDDhhmmss"，程序传输的数值等于从1970年1月1日0时0分0秒起到所填时刻经过的秒数	Long	4
投币等待时间	限定时间内无投币操作则取消该交易单位：5 s	Byte	1
允许加值的卡片类型	对应位设置为1表示允许加值。 Byte0，bit0～7：车票类型代码0～7 Byte1，bit0～7：车票类型代码8～15 …… Byte12，bit0～3：车票类型代码96～99 bit4～7：保留，Byte13～Byte19：保留	Byte	20
工作模式设置	对应位设置为1表示有效或允许。 Byte0： bit0：保留 bit1：是否允许对交通卡加值 bit2～7：保留 Byte1：保留	Byte	2
保留	全填0，转发方原样转发，执行方忽略本字段	Byte	4

续表9.2.15

字段	定义	类型	长度(字节)
保留	全填0,转发方原样转发,执行方忽略本字段	Byte	1
允许使用纸币类型	每种面额的纸币分新旧两种,低 bit 表示旧版本,高 bit 表示新版本,对应位设置为1表示有效或允许。 Byte0: bit0～1:1元;bit2～3:2元;bit4～5:5元;bit6～7:10元 Byte1: bit0～1:20元;bit2～3:50元;bit4～5:100元;bit6～7:保留 Byte2～3:保留	Byte	4
保留	全填0,转发方原样转发,执行方忽略本字段	Byte	1
保留	全填0,转发方原样转发,执行方忽略本字段	Byte	1
保留	全填0,转发方原样转发,执行方忽略本字段	Byte	1
保留	全填0,转发方原样转发,执行方忽略本字段	Byte	4
单次交易允许的最大充值金额	缺省值为500 单位:元	Word	2
卡内最大金额限制	缺省值为1 000 单位:元	Word	2
保留	全填0,转发方原样转发,执行方忽略本字段	Byte	1
保留	全填0,转发方原样转发,执行方忽略本字段	Byte	1
保留	全填0,转发方原样转发,执行方忽略本字段	Word	2
保留	全填0,转发方原样转发,执行方忽略本字段	Block	16

续表9.2.15

字段	定义	类型	长度(字节)
保留	全填0,转发方原样转发,执行方忽略本字段	Block	16
THM工作模式设置	对应位设置为1有效。 Byte0: Bit0:找零/非找零模式 0:无找零 1:找零 Bit1:保留 Bit2:是否允许使用硬币补票 Bit3:是否允许使用纸币补票 Bit4~7:保留 Byte1:保留	Byte	2
THM允许使用硬币类型	对应位设置为1有效。 Bit0:1角 Bit1:5角 Bit2:1元 Bit3~7:保留	Byte	1
THM允许使用纸币类型	每种面额的纸币分新旧两种,低Bit表示旧版本,高Bit表示新版本,对应位设置为1有效。 Byte0: Bit0~1:1元 Bit2~3:2元 Bit4~5:5元 Bit6~7:10元 Byte1: Bit0~1:20元 Bit2~3:50元 Bit4~5:100元 Bit6~7:保留 Byte2~3:保留	Byte	4
找零允许使用的硬币类型	对应位设置为1表示有效或允许。 bit0:1角;bit1:5角;bit2:1元;bit3~7:保留	Byte	1
找零允许的最大硬币个数	—	Byte	1
找零允许最大金额	—	Long	4

续表9.2.15

字段	定义	类型	长度(字节)
更新控制	对应位设置为1表示有效或允许。 bit0:允许可选择进站车站的更新;bit1:允许超时更新	Byte	1
保留	全填0,转发方原样转发,执行方忽略本字段	Byte	2
保留	全填0,转发方原样转发,执行方忽略本字段	Byte	4

9.2.16 3082站内换乘站映射关系参数用于向SLE配置站内换乘站的车站标识码等内容,格式应符合表9.2.16的规定。

表9.2.16 站内换乘站映射关系参数格式

字段	定义	类型	长度(字节)
参数版本	—	Long	4
生效时间	包含年月日时分秒,格式为"YYYYMMDDhhmmss",程序传输的数值等于从1970年1月1日0时0分0秒起到所填时刻经过的秒数	Long	4
站内换乘站记录,每条记录24字节,可记录N条			$N \times 24$
车站标识码1	—	Block	4
车站标识码2	—	Block	4
车站标识码3	若未使用,全填0	Block	4
车站标识码4	若未使用,全填0	Block	4
车站标示码5	若未使用,全填0	Block	4
车站标示码6	若未使用,全填0	Block	4

9.2.17 3085出站换乘站映射关系参数用于向SLE配置换出站乘站的车站标识码等内容,格式应符合表9.2.17的规定。

表 9.2.17　出站换乘站映射关系参数格式

字段	定义	类型	长度(字节)
参数版本	—	Long	4
生效时间	包含年月日时分秒，格式为“YYYYMMDDhhmmss”，程序传输的数值等于从1970年1月1日0时0分0秒起到所填时刻经过的秒数	Long	4
出站换乘站记录，每条记录24字节，可记录 N 条			N ×24
车站标识码1	—	Block	4
车站标识码2	—	Block	4
车站标识码3	若未使用，全填0	Block	4
车站标识码4	若未使用，全填0	Block	4
车站标示码5	若未使用，全填0	Block	4
车站标示码6	若未使用，全填0	Block	4

9.2.18　3086ATVM车站位图参数用于向ATVM配置图片存放路径、线路车站图片文件名、图片文件的校验等内容，格式应符合表9.2.18的规定。

表 9.2.18　ATVM车站位图参数格式

字段	定义	类型	长度(字节)
参数版本	—	Long	4
图片存放路径	上级节点存放图片文件的路径	String	64
线路车站图片文件名	—	String	16
图片文件的校验	采用MD5算法生成摘要的前8字节	Block	8
保留	全填0，转发方原样转发，执行方忽略本字段	Byte	32

9.2.19　3087多点触摸主界面定义参数用于向ATVM配置地图图片、可缩放拖曳区域位置和大小、语言选择按钮起点位置和

大小、最大放大倍率、辅助提示信息区域位置和大小、线路代码等内容，格式应符合表 9.2.19 的规定。

表 9.2.19 多点触摸主界面定义格式

字段	定义	类型	长度(字节)
参数版本	—	Long	4
生效时间	包含年月日时分秒，格式为“YYYYMMDDhhmmss”，程序传输的数值等于从1970 年 1 月 1 日 0 时 0 分 0 秒起到所填时刻经过的秒数	Long	4
默认地图图片中文文件名	仅显示部分车站的 ATVM 路网地图图片的中文文件名和英文文件名，由 ACC 编辑并通过 FTP 方式下发，使用 3086 参数控制，不可选站	String	24
默认地图图片英文文件名		String	24
路网地图图片中文文件名	完整显示所有车站的 ATVM 路网地图图片的中文文件名和英文文件名，由 ACC 编辑并通过 FTP 方式下发，使用 3086 参数控制，可以选站	String	24
路网地图图片英文文件名		String	24
可缩放拖曳区域 X 坐标	以本字段中的 X、Y 坐标为起点，宽度、高度所确定的矩形区域内，可以对路网地图图片进行滑动、缩放。在此矩形区域外点击屏幕，路网地图图片的位置和大小不会变化。 单位：像素	Word	2
可缩放拖曳区域 Y 坐标		Word	2
可缩放拖曳区域宽度		Word	2
可缩放拖曳区域高度		Word	2
语言选择按钮起点 X 坐标	语言选择按钮起点的 X、Y 坐标，宽度、高度，点击该按钮后，ATVM 所有界面都应切换为英语。 单位：像素	Word	2
语言选择按钮起点 Y 坐标		Word	2

续表9.2.19

字段	定义	类型	长度(字节)
语言选择按钮宽度	语言选择按钮起点的 X、Y 坐标，宽度、高度，点击该按钮后，ATVM 所有界面都应切换为英语。 单位：像素	Byte	1
语言选择按钮高度		Byte	1
缩放倍率基准	初始界面不显示所有车站名称、也不可点击车站进入付费界面，待放大到此参数定义的倍率后才显示所有车站名称且可点击车站进入付费界面。 单位：倍率数值×100	Word	2
最大放大倍率		Word	2
等待时间	当乘客对主界面图片进行操作但未进入购票界面时，ATVM 在一定时间后自动返回完整路网图界面。 单位：5 s	Byte	1
辅助提示信息区域起点 X 坐标	以本字段中的 X、Y 坐标为起点，宽度、高度所确定的矩形区域内，显示辅助提示信息，文字内容由 3091 参数确定。 单位：像素	Word	2
辅助提示信息区域起点 Y 坐标		Word	2
辅助提示信息区域宽度		Word	2
辅助提示信息区域高度		Word	2
线路按钮记录数	—	Byte	1
线路按钮记录(共计 99 字节用于表示线路按钮记录)			
线路 1 代码	BCD 码	Byte	1
线路 2 代码	BCD 码	Byte	1
……	BCD 码	Byte	—
线路 99 代码	BCD 码	Byte	1

续表9.2.19

字段	定义	类型	长度(字节)
车站记录(坐标、半径均为基于原始路网地图图片,上位机根据乘客手势操作的新坐标系进行各车站选择区域起始点 *X*、*Y* 坐标和半径的计算),每条记录 29 字节,可记录 *N* 条			*N* ×29
线路标识码	BCD 表示	Byte	1
车站标识码	BCD 表示	Byte	1
激活弹框标志	0:不激活;1:激活 列车在某站不停靠时,路网内所有 ATVM 不能购买到此站的单程票,在路网图选站界面中点击该车站,不会进入付费界面,弹出临时提示信息文本框,弹框信息由 3091 参数控制	Byte	1
车站 *X* 坐标	—	Word	2
车站 *Y* 坐标	—	Word	2
半径	—	Byte	1
保留	全填 0,转发方原样转发,执行方忽略本字段	Byte	21

9.2.20 3088 多点触摸车站界面定义参数用于向 ATVM 配置线路文件名、车站标识码、起点位置和大小等内容,格式应符合表 9.2.20 的规定。

表 9.2.20 多点触摸车站界面定义参数格式

字段	定义	类型	长度(字节)
参数版本	—	Long	4
生效时间	包含年月日时分秒,格式为"YYYYMMDDhhmmss",程序传输的数值等于从 1970 年 1 月 1 日 0 时 0 分 0 秒起到所填时刻经过的秒数	Long	4
最大放大倍率	单位:倍率数值×100	Word	2

续表9.2.20

字段	定义	类型	长度(字节)
线路和车站记录,每条记录 54+640=694 字节,可记录 N 条			N ×694
线路记录,每条线路记录 54 字节			54
线路代码	线路代码,BCD码	Byte	1
线路中文文件名	单条线路示意图的文件名	String	24
线路英文文件名	单条线路示意图的文件名	String	24
车站记录数	16 进制表示,例如 50 个车站表示为 32H	Byte	1
保留	全填 0,转发方原样转发,执行方忽略本字段	Byte	4
车站记录,每条线路记录含 64 条车站记录,每条车站记录 10 字节			64 ×10=640
车站标识码	车站编号,BCD码	Byte	1
起点 X 坐标	单位:像素	Word	2
起点 Y 坐标	单位:像素	Word	2
长度	单位:像素	Word	2
宽度	单位:像素	Word	2
激活弹框标志	0:不激活;1:激活	Byte	1

9.2.21 3089 九宫格主界面定义参数用于向 ATVM 配置默认地图图片中文文件名、语言选择按钮位置和大小、辅助信息提示区域位置和大小、不同区域对应的位置和大小、线路代码、界面图形文件名、返回按钮位置和大小等内容,格式应符合表 9.2.21 的规定。

表 9.2.21 九宫格主界面定义参数格式

字段	定义	类型	长度(字节)
参数版本	—	Long	4

续表9.2.21

字段	定义	类型	长度(字节)
生效时间	包含年月日时分秒,格式为"YYYYMMDDhhmmss",程序传输的数值等于从1970年1月1日0时0分0秒起到所填时刻经过的秒数	Long	4
默认地图图片中文文件名	仅显示部分车站的ATVM路网地图图片的中文文件名和英文文件名,由ACC编辑并通过FTP方式下发,使用3086参数控制,不可选站	String	24
默认地图图片英文文件名		String	24
语言选择按钮起点 X 坐标	语言选择按钮起点的 X、Y 坐标,宽度、高度,点击该按钮后,ATVM所有界面都应切换为英语。 单位:像素	Word	2
语言选择按钮起点 Y 坐标		Word	2
语言选择按钮宽度		Byte	1
语言选择按钮高度		Byte	1
等待时间	操作主界面但未进入购票界面,ATVM等待时间达到限值后自动返回主界面。 单位:5 s	Byte	1
辅助信息提示区域起点 X 坐标	以本字段中的 X、Y 坐标为起点,宽度、高度所确定的矩形区域内,显示辅助提示信息,文字内容由3091辅助提示信息文字参数确定。 单位:像素	Word	2
辅助信息提示区域起点 Y 坐标		Word	2
辅助提示信息区域宽度		Word	2
辅助提示信息区域高度		Word	2

续表9.2.21

字段	定义	类型	长度(字节)
区域 1 对应界面图形索引号	—	Byte	1
区域 1 起点 X 坐标	单位:像素	Word	2
区域 1 起点 Y 坐标	单位:像素	Word	2
区域 1 长度	单位:像素	Word	2
区域 1 宽度	单位:像素	Word	2
区域 2 对应界面图形索引号	—	Byte	1
区域 2 起点 X 坐标	单位:像素	Word	2
区域 2 起点 Y 坐标	单位:像素	Word	2
区域 2 长度	单位:像素	Word	2
区域 2 宽度	单位:像素	Word	2
区域 3 对应界面图形索引号	—	Byte	1
区域 3 起点 X 坐标	单位:像素	Word	2
区域 3 起点 Y 坐标	单位:像素	Word	2
区域 3 长度	单位:像素	Word	2
区域 3 宽度	单位:像素	Word	2
区域 4 对应界面图形索引号	—	Byte	1
区域 4 起点 X 坐标	单位:像素	Word	2

续表9.2.21

字段	定义	类型	长度(字节)
区域4起点Y坐标	单位:像素	Word	2
区域4长度	单位:像素	Word	2
区域4宽度	单位:像素	Word	2
区域5对应界面图形索引号	—	Byte	1
区域5起点X坐标	单位:像素	Word	2
区域5起点Y坐标	单位:像素	Word	2
区域5长度	单位:像素	Word	2
区域5宽度	单位:像素	Word	2
区域6对应界面图形索引号	—	Byte	1
区域6起点X坐标	单位:像素	Word	2
区域6起点Y坐标	单位:像素	Word	2
区域6长度	单位:像素	Word	2
区域6宽度	单位:像素	Word	2
区域7对应界面图形索引号	—	Byte	1
区域7起点X坐标	单位:像素	Word	2
区域7起点Y坐标	单位:像素	Word	2
区域7长度	单位:像素	Word	2
区域7宽度	单位:像素	Word	2

续表9.2.21

字段	定义	类型	长度(字节)
区域8对应界面图形索引号	—	Byte	1
区域8起点 X 坐标	单位:像素	Word	2
区域8起点 Y 坐标	单位:像素	Word	2
区域8长度	单位:像素	Word	2
区域8宽度	单位:像素	Word	2
区域9对应界面图形索引号	—	Byte	1
区域9起点 X 坐标	单位:像素	Word	2
区域9起点 Y 坐标	单位:像素	Word	2
区域9长度	单位:像素	Word	2
区域9宽度	单位:像素	Word	2
线路按钮记录数	—	Byte	1
线路按钮记录(共计99字节用于表示线路按钮记录):			
线路1代码	BCD码	Byte	1
线路2代码	BCD码	Byte	1
线路3代码	BCD码	Byte	1
……	BCD码	Byte	—
线路99代码	BCD码	Byte	1
界面和车站记录,每条界面和车站记录60+1 500字节,9条界面记录			9×(60+1 500)=14 040
界面记录,每条界面记录60字节			60
区域界面图形索引号	—	Byte	1

续表9.2.21

字段	定义	类型	长度(字节)
界面图形中文文件名	可以选站	String	24
界面图形英文文件名	可以选站	String	24
返回按钮有效性	0:无效;1:有效	Byte	1
返回按钮的 X 坐标	单位:像素	Word	2
返回按钮的 Y 坐标	单位:像素	Word	2
返回按钮长度	单位:像素	Word	2
返回按钮宽度	单位:像素	Word	2
车站记录数(S)	—	Word	2
车站记录(坐标、半径均为基于原始路网地图图片,上位机根据乘客手势操作的新坐标系进行各车站选择区域起始点 X、Y 坐标和半径的计算),每条界面记录含 150 条车站记录,每条车站记录 10 字节			150 ×10=1 500
线路标识码	BCD 表示	Byte	1
车站标识码	BCD 表示	Byte	1
车站 X 坐标	单位:像素	Word	2
车站 Y 坐标	单位:像素	Word	2
半径	单位:像素	Byte	1
激活弹框标志	0:不激活;1:激活 列车在某站不停靠时,路网内所有ATVM不能购买到此站的单程票,在路网图选站界面中点击该车站,不会进入付费界面,弹出临时提示信息文本框,弹框信息由“3091 辅助提示信息文字”参数控制	Byte	1
保留	全填 0,转发方原样转发,执行方忽略本字段	Byte	2

9.2.22 3090 九宫格车站界面定义参数用于向 ATVM 配置线路文件名、车站按钮在车站选择界面上位置和大小等内容，格式应符合表 9.2.22 的规定。

表 9.2.22 九宫格车站界面定义参数格式

字段	定义	类型	长度(字节)
参数版本	—	Long	4
生效时间	包含年月日时分秒，格式为“YYYYMMDDhhmmss”，程序传输的数值等于从 1970 年 1 月 1 日 0 时 0 分 0 秒起到所填时刻经过的秒数	Long	4
线路和车站记录，每条记录 54+640=694 字节，可记录 N 条			$N\times694$
线路记录，每条线路记录 54 字节			54
线路代码	线路代码，BCD 码	Byte	1
线路中文文件名	单条线路示意图的文件名	String	24
线路英文文件名	单条线路示意图的文件名	String	24
车站记录数	16 进制表示，例 50 个车站表示为 32H	Byte	1
保留	全填 0，转发方原样转发，执行方忽略本字段	Byte	4
车站记录，每条线路记录含 64 条车站记录，每条车站记录 10 字节			$64\times10=640$
车站标识码	车站编号，BCD 码	Byte	1
起点 X 坐标	车站按钮在车站选择界面上的 x 坐标 单位：像素	Word	2
起点 Y 坐标	车站按钮在车站选择界面上的 y 坐标 单位：像素	Word	2
长度	单位：像素	Byte	2
宽度	单位：像素	Byte	2
激活弹框标志	0：不激活；1：激活	Byte	1

9.2.23 3091 辅助提示信息文字参数用于向 SLE 来配置提示文字、车站节点码等内容，格式应符合表 9.2.23 的规定。

表 9.2.23 辅助提示信息文字请求参数格式

字段	定义	类型	长度(字节)
参数版本	—	Long	4
生效时间	包含年月日时分秒,格式为"YYYYMMDDhhmmss",程序传输的数值等于从1970年1月1日0时0分0秒起到所填时刻经过的秒数	Long	4
文字内容记录,每条记录132字节,可记录 N 条			$N\times132$
提示文字(中文)	使用2字节ASCII码记录1个汉字的GB 2312编码	String	64
提示文字(英文)		String	64
车站节点码	全0表示ATVM右下角辅助提示信息区域	Block	4

9.2.24 4001节日表参数用于向SLE配置节日日期等内容,格式应符合表9.2.24的规定。

表 9.2.24 节日表参数格式

字段	定义	类型	长度(字节)
参数版本	—	Long	4
节日记录,每条记录4字节,可记录 N 条			$N\times4$
节日日期	YYYYMMDD,BCD码,节日从该日期的0点开始,直到该日运营时间结束为止	Block	4

9.2.25 4002车票类型表参数用于向SLE配置车站联乘间隔时间、进/出站补票罚款金额、超程罚款金额等内容,格式应符合表9.2.25的规定。

表 9.2.25 车票类型表参数格式

字段	定义	类型	长度(字节)
参数版本	—	Long	4

续表9.2.25

字段	定义	类型	长度(字节)
生效时间	包含年月日时分秒，格式为“YYYYMMDDhhmmss”，程序传输的数值等于从1970年1月1日0时0分0秒起到所填时刻经过的秒数	Long	4
交通卡交易优先级判断（仅纯消费类设备使用）	00:设备以M1部分优先 01:设备以CPU部分优先 11:禁止纯M1功能	Byte	1
CPU卡维护参数启用标志（仅充资类设备适用）	00:不启用 01:CPU卡应用解锁 10:CPU卡关MI钱包 11:禁止纯M1功能	Byte	1
保留	全填0，转发方原样转发，执行方忽略本字段	Block	33
车站联乘间隔时间	单位:1 min	Block	1
遗失票罚款金额	—	Word	2
超程罚款金额	—	Word	2
超时罚款金额	—	Word	2
进/出站补票罚款金额	—	Word	2
储值卡初始票值	—	Word	2
次日运营时间	午夜后的小时数，当验票时这段时间仍被认为是同一天 范围:0～12	Byte	1
进站到出站允许最长时间	按照区域分别定义的允许最长时间，每区域一个字节，区域号大于16时统一按区域16计算 单位:6 min 每字节范围:0～240	Byte	16

续表9.2.25

字段	定义	类型	长度(字节)
车票类型定义记录,每条记录105字节,可记录 N 条			N ×105
车票类型码	城市轨道交通专用车票和城市公共交通卡中的车票种类	Byte	1
车票类型描述(英文)	—	String	15
车票类型描述(中文)	结合“3011ACC本地语言资源文件”参数配置	Pointer	4
车票控制码	bit0～3:保留 bit4:有(1)/无(0)奖励功能 当设为1时,指示BOM在发售车票或对车票充值时进行奖励(若有此功能) bit5:有(1)/无(0)充值功能 当设为1时,指示BOM在可接受此车票类型的充值交易,否则,将拒绝充值交易 bit6:允许(1)/不允许(0)在BOM发售此类型车票 bit7:计次票(1)/储值票(0) bit8:允许透支(0)/不允许透支(1) bit9:启用(1)/不启用(0),计次类车票跨线罚款功能 bit10～15:保留	Word	2
车票验证指示	bit0:有(1)/无(0)票价优惠 bit1:是(1)/否(0)允许出站换乘 bit2:有(1)/否(0)累积乘坐优惠 bit3:累积乘坐优惠方式,设为1时,按金额累积优惠,设为0时按累积次数优惠 bit4:有(1)/否(0)联乘优惠 bit5:联乘优惠采用定值优惠(1)/比例优惠(0) bit6:进行特种卡属性认证(1)/不进行特种卡属性认证(0) bit7:当此票在AGM上使用时,是(1)否(0)播报语音 bit8:若为1,则取消最后乘次的奖励 bit9:进行(1)/不进行(0)发行车站的检查	Word	2

续表9.2.25

字段	定义	类型	长度(字节)
车票验证指示	bit10:当票值为0或负数时,进行(1)/不进行(0)车票的回收 bit11:当此票在AGM上使用时,是(1)否(0)点亮提示灯 bit12:当此票在检票机上使用时,是(1)否(0)鸣响蜂鸣器 bit13:当此票在进站检票机上使用时,是(1)否(0)启用交易超时时间(参见3005AGM运营参数) bit14:当此票在AGM上交易失败时,是(1)否(0)连续鸣响2次蜂鸣器 bit15:当此票在AGM上交易失败时,是(1)否(0)点亮提示灯	Word	2
有效期单位	0000:卡内记录有效期 其他:卡内启用日期后加上该参数的有效单位时间(以小时为单位)为最终卡片有效期	Word	2
特殊验证期	发售/最后一次充值后在AGM上使用的有效期的天数,若为0,则无需特殊验证	Word	2
初始票值	—	Word	2
购买值	交通卡、储值、乘次卡等押金 对交通卡而言,如该字段为0,则沿用该卡上原押金金额;若不为0,则将参数押金写入卡中	Word	2
交通卡初始票值	交通卡的发售/充值操作通常使用初始票值字段,但当本字段不为0时,使用本字段	Word	2
交通卡初始奖励值	—	Word	2
交通卡充值选择	4个充值金额,每个2字节,供BOM或CVM显示界面用	Word	8
交通卡充值奖励选择	—	Word	8

续表9.2.25

字段	定义	类型	长度(字节)
费率时间表(Block[0]:通常的工作日费率时间表;Block[1]:周末费率时间表;Block[2]:节日费率时间表;Block[3]:保留。共计4个数据块,每个数据块均有宽限时间、非高峰时段码、打折费率码、全价费率码4个字节)			
宽限时间	车票处理时刻,按照非高峰时段码,某时刻属于高峰时段,但与相邻的非高峰时间段相距小于该宽限时间,此时刻仍按非高峰时段计算费率 单位:5 s	Byte	1
非高峰时段码	指向"4006-非高峰时段表"中记录的索引 非高峰时段表中记录被用于决定是使用打折费率码还是使用全价费率码 单位:15 min 范围:0~22,若本字段为255,则不检测是否非高峰时段,缺省地使用全价费率	Byte	1
打折费率码(非高峰)	指向"4003-费率表"中记录的索引 用于得到非高峰时的扣费值 范围:0~61	Byte	1
全价费率码(高峰)	指向"4003-费率表"中记录的索引 用于得到高峰时或非高峰时段码被设置为255时的扣费值 范围:0~61	Byte	1
累积乘坐起始优惠次数	当车票验证指示的bit0、bit2为1且bit3为0时有效	Word	2
累积乘坐起始优惠金额	当车票验证指示的bit0、bit2为1且bit3为1时有效	Long	4
累积乘坐优惠比例	优惠百分比 单位:0.01 范围:0~100	Word	2
联乘优惠金额	当车票验证指示的bit0、bit4、bit5为1时本字段有效 单位:0.01元人民币	Word	2

续表9.2.25

字段	定义	类型	长度(字节)
联乘优惠比例	当车票验证指示的 bit0、bit4 为 1 且 bit5 为 0 时本字段有效,表示优惠百分比 单位:0.01 范围:0~100	Word	2
优惠优先级	00:重复优惠 01:联乘=累积>轨道交通时间优惠 02:联乘>累积>轨道交通时间优惠 03:累积>联乘>轨道交通时间优惠 04:轨道交通时间优惠=(联乘>累积) 05:轨道交通时间优惠=(累积>联乘)	Byte	1
联乘优惠有效时段	单位:10 min 出站检票机通过"联乘优惠有效时段"字段获得联乘有效时间,使用票卡内保存的进站交易时间减去换乘时间来计算	Byte	1
联乘优惠行业范围	bit0:公交行业参加(1)/不参加(0)联乘优惠 bit1:轮渡行业参加(1)/不参加(0)联乘优惠 bit2:轨道交通行业参加(1)/不参加(0)联乘优惠 bit3~7:保留(0)	Byte	1
特种卡映射的卡型代码	在特种卡不满足自身属性条件时,应映射为本字段制定的卡型代码 00:本字段无效	Block	1
计时计次票时间单位	单位:1 h	Block	1
超时罚款金额	—	Word	2
进/出站补票罚款金额	当进站时发现无上次出站记录,在 BOM 上进行罚款	Word	2
交通卡储值限额	规定交通卡内金额上限 单位:1 元人民币	Byte	3

续表9.2.25

字段	定义	类型	长度(字节)
计次类车票单次默认车资	单位:0.01元人民币	Word	2
跨线跨站乘坐罚款	单位:0.01元人民币	Word	2
保留	全填0,转发方原样转发,执行方忽略本字段	Block	4
保留	全填0,转发方原样转发,执行方忽略本字段	Byte	1
保留	全填0,转发方原样转发,执行方忽略本字段	Byte	1
保留	全填0,转发方原样转发,执行方忽略本字段	Byte	1
每日最大乘次	范围:0～255;0:单程票;255:无限制	Byte	1
保留	全填0,转发方原样转发,执行方忽略本字段	Byte	1

9.2.26 4003费率表参数用于向SLE配置费率记录等内容,格式应符合表9.2.26的规定。

表9.2.26 费率表参数格式

字段	定义	类型	长度(字节)
参数版本	—	Long	4
生效时间	包含年月日时分秒,格式为“YYYYMMDDhhmmss”,程序传输的数值等于从1970年1月1日0时0分0秒起到所填时刻经过的秒数	Long	4
费率记录,每条记录192字节,可记录N条			$N\times192$
区域1费率值	—	Word	2
区域2费率值	—	Word	2

续表9.2.26

字段	定义	类型	长度(字节)
区域3费率值	—	Word	2
……	—	Word	—
区域64费率值	—	Word	2
保留	全填0,转发方原样转发,执行方忽略本字段	Word	64

9.2.27 4004区域表参数用于向SLE配置目标车站标识码、区域码等内容,格式应符合表9.2.27的规定。

表9.2.27 区域表-出站AGM请求报文格式

字段	定义	类型	长度(字节)
参数版本	—	Long	4
生效时间	包含年月日时分秒,格式为"YYYYMMDDhhmmss",程序传输的数值等于从1970年1月1日0时0分0秒起到所填时刻经过的秒数	Long	4
车站标识码	SC节点标识码	Block	4
目标车站区域记录,每条记录5字节,可记录N条			$N\times5$
目标车站标识码	SC节点标识码	Block	4
区域码	bit0～5:费率表记录中的区域索引 0～63:区域1～区域64 bit6～7:保留	Byte	1

9.2.28 4006非高峰时段表参数用于向SLE配置非高峰位数组等内容,格式应符合表9.2.28的规定。

表9.2.28 非高峰时段表参数格式

字段	定义	类型	长度(字节)
参数版本	—	Long	4

续表9.2.28

字段	定义	类型	长度(字节)
生效时间	包含年月日时分秒,格式为"YYYYMMDDhhmmss",程序传输的数值等于从1970年1月1日0时0分0秒起到所填时刻经过的秒数	Long	4
非高峰时段记录,每条记录84字节,可记录 N 条			$N\times 84$
非高峰位数组	每12字节为一组,共7组,组0对应周日,组1～6分别对应周一到周六;每个字节对应一天中的2 h;共84字节数据块 字节下标0～11 字节0对应00:00—02:00 …… 字节11对应22:00—24:00 每字节中的8个位,分别对应2 h中的8个15 min时段 bit0～7:设为1时,对应的15 min时段设定为非高峰时段 bit0对应第一个15 min时段 …… bit7对应第八个15 min时段	Block	84

9.2.29 4007车票黑名单-全量参数用于向SLE配置票卡序列号和拒绝类型等内容,格式应符合表9.2.29的规定。

表9.2.29 车票黑名单-全量参数格式

字段	定义	类型	长度(字节)
参数版本	—	Long	4
非法票序列号范围/动作记录,每条记录6字节,可记录 N 条			$N\times 6$
车票类型	见表7.0.4定义,实现城市白名单功能时填FF	Byte	1
票卡序列号	取CPU卡时(卡号低四字节作为票卡序列号)实现城市白名单功能时,票卡序列号前两字节为城市代码,第三字节为交通卡版本号,第四字节为异地卡映射卡类型	Long	4

续表9.2.29

字段	定义	类型	长度(字节)
拒绝类型	0:不拒绝(处理等级 1) 1:仅在出站时拒绝(处理等级 1) 2:在进站和出站时拒绝(处理等级 1) 3:不拒绝(处理等级 2) 4:仅在出站时拒绝,锁卡并上传交易(处理等级 2) 5:在进站和出站时拒绝,锁卡并上传交易(处理等级 2) FF:配合城市白名单功能使用	Byte	1

9.2.30 4008 车票黑名单-增量参数用于向 SLE 配置票卡序列号和拒绝类型等内容,格式应符合表 9.2.30 的规定。

表 9.2.30 车票黑名单-增量参数格式

字段	定义	类型	长度(字节)
参数版本	—	Long	4
非法票删除、增补记录,每条记录 7 字节,可记录 N 条			$N\times7$
操作码	1:增加 2:删除	Byte	1
车票类型	—	Byte	1
票卡序列号	—	Long	4
拒绝类型	0:不拒绝 1:仅在出站时拒绝 2:在进站和出站时拒绝 3:不拒绝(处理等级 2) 4:仅在出站时拒绝,锁卡并上送交易(处理等级 2) 5:在进站和出站时拒绝,锁卡并上送交易(处理等级 2)	Byte	1

9.2.31 4009 车票类型对应关系参数用于向 SLE 配置新票种类型等内容,格式应符合表 9.2.31 的规定。

表 9.2.31 车票类型对应关系参数格式

字段	定义	类型	长度(字节)
参数版本	—	Long	4
车票类型对应记录,每条记录 2 字节,可记录 *N* 条			*N* ×2
新票种类型	—	Byte	1
已有票种类型	—	Byte	1

9.2.32 4015 手机支付映射关系参数用于向 SLE 配置移动新票种类型和城市代码等内容,格式应符合表 9.2.32 的规定。

表 9.2.32 手机支付映射关系参数格式

字段	定义	类型	长度(字节)
参数版本	—	Long	4
车票类型对应记录,每条记录 5 字节,可记录 *N* 条			*N* ×5
移动新票种类型	—	Byte	1
城市代码	手机支付联名卡:第一字节为 FFH 手机卡:第一字节不为 FFH 后两字节为发卡行代码	Byte	3
已有 4002 票种类型	—	Byte	1

9.2.33 4016 手机支付交易终端参数用于向 SLE 配置认证中心公钥等内容,格式应符合表 9.2.33 的规定。

表 9.2.33 手机支付交易终端参数格式

字段	定义	类型	长度(字节)
参数版本	—	Long	4
R-MAC 启用标志	0:不启用 1:启用	Byte	1
联程优惠启用标志	0:不启用 1:启用	Byte	1

续表9.2.33

字段	定义	类型	长度(字节)
逾期天数	—	Long	4
内容校验	SHA-1,计算内容为对应记录部分	Byte	20
保留	全填0,转发方原样转发,执行方忽略本字段	Byte	10
对应记录,每条记录296字节,可记录 N 条			$N\times296$
RID	与认证中心公钥索引一起标识认证中心的公钥	Byte	5
公钥索引	与RID一起标识认证中心的公钥	Byte	1
认证中心公钥有效期	YYYYMMDD	BCD	4
认证中心公钥哈希算法标识	标识用于在数字签名方案中产生哈希结果的哈希算法 01:SHA-1	Byte	1
认证中心公钥算法标识	标识使用在认证中心公钥上的数字签名算法 01:Rivest-Shamir-Adleman 加密算法	Byte	1
认证中心公钥模长度	最大256	Short	2
认证中心公钥模	—	Block	256
公钥内容	3或者65537	Long	4
认证中心公钥校验值	认证中心公钥校验值的计算内容为"RID+认证中心公钥索引+认证中心公钥模+认证中心公钥指数";认证中心公钥校验值的计算方法为SHA-1	Block	20
保留	全填0,转发方原样转发,执行方忽略本字段	Byte	2

9.2.34 4020交通部白名单参数用于向SLE配置发卡机构标识、6位卡iin+2位扩展、类型/版本等内容,参数格式符合表9.2.34的规定。

表 9.2.34　交通部白名单参数请求报文格式

字段	定义	类型	长度(字节)
参数版本	—	Long	4
内容记录数	—	Long	4
记录区校验值	记录区数据的 SHA-1 值	Byte	20
车票类型对应记录,每条记录 16 字节,可记录 N 条			$N\times16$
发卡机构标识	城市公共交通卡全部匹配 二维码车票比较前四字节与码内发卡机构号	Byte	8
6 位卡 iin+ 2 位扩展	城市公共交通卡全部匹配 二维码车票比较码内发码平台编号	Byte	4
类型/版本	住建部白名单时作为票卡版本 交通部卡时为票卡类型 二维码时为二维码类型(FF:不作比较)	Byte	1
二维码版本	二维码版本(FF:不作比较)	Byte	1
保留	全填 0,转发方原样转发,执行方忽略本字段	Byte	1
已有票种类型	—	Byte	1

9.2.35　4021 交通部黑名单参数用于向 SLE 配置发卡机构代码、卡应用序列号和拒绝类型等内容,格式应符合表 9.2.35 的规定。

表 9.2.35　交通部黑名单参数格式

字段	定义	类型	长度(字节)
参数版本	—	Long	4
内容记录数	—	Long	4
车票类型对应记录,每条记录 16 字节,可记录 N 条			$N\times16$
发卡机构代码	—	Block	4

续表9.2.35

字段	定义	类型	长度(字节)
卡应用序列号	(SLE在判定卡黑名单时,只判定卡应用序列号)	Block	10
保留	全填0,转发方原样转发,执行方忽略本字段	Byte	1
拒绝类型	0:不拒绝(处理等级1,放行,不锁应用,不清钱包) 1:仅在出站时拒绝(处理等级1,临时锁应用,不清钱包) 2:在进站和出站时拒绝(处理等级1,临时锁应用,不清钱包) 3:不拒绝(处理等级2,放行,不锁应用,不清钱包) 4:仅在出站时拒绝,锁卡并上送交易(处理等级2,临时锁应用,清钱包) 5:在进站和出站时拒绝,锁卡并上送交易(处理等级2,临时锁应用,清钱包)	Byte	1

9.2.36 4026二维码根证书文件参数用于向SLE配置根公钥索引、日期、标识等内容,格式应符合表9.2.36的规定。

表9.2.36 二维码根证书文件参数格式

字段	定义	类型	长度(字节)
参数版本	—	Long	4
内容记录数	—	Long	4
保留域	—	Byte	4
记录区校验值	记录区数据的SHA-1值	Byte	20
证书对应记录,每条记录160字节,可记录 N 条			$N\times160$
二维码介质	0:交通部二维码;1:随申码;2:地铁码	Byte	1
版本号	80H~FFH,版本号为80H的证书为确定值	Byte	1
记录头	15H	Byte	1

续表9.2.36

字段	定义	类型	长度(字节)
服务标识	01010000:借、贷记	Byte	4
RID	标识 RID:A000000632	Byte	5
根 CA 公钥索引	唯一标识根 CA 公钥	Byte	1
证书失效日期	月和年(MMYY),在该月最后一日之后证书失效	Byte	2
根 CA 公钥算法标识	标识发卡机构公钥签名算法 04:SM2(16 进制)	Byte	1
根 CA 公钥参数标识	用于标识椭圆曲线参数	Byte	1
根 CA 公钥长度	标识发卡机构公钥的字节长度	Byte	1
根 CA 公钥	该字段是椭圆曲线上的一个点	Byte	64
数字签名	根 CA 公钥指数	Byte	64
保留	全填 0,转发方原样转发,执行方忽略本字段	Byte	14

9.3 报 文

9.3.1 3200 网络状态检测报文用于心跳检测,心跳为空闲时发送,空闲状态每 3 min 检测 1 次。当终端设备程序初始化或开维护门时,应主动发起并强制进行时间同步,请求报文应符合表 9.3.1-1 的规定,应答报文应符合表 9.3.1-2 的规定。

表 9.3.1-1 网络状态检测报文请求格式

字段	定义	类型	长度(字节)
操作员编号	AGM 填 0	Long	4
设备节点码	—	Block	4

续表9.3.1-1

字段	定义	类型	长度(字节)
设备时间	包含年月日时分秒，格式为“YYYYMMDDhhmmss”，程序传输的数值等于从1970年1月1日0时0分0秒起到所填时刻经过的秒数	Long	4
保留	全填0，转发方原样转发，执行方忽略本字段	Byte	1
终端设备状态	bit0 0：正常；1：暂停服务(有故障)	Byte	1
	bit1 0：正常；1：不能使用单程票		
	bit2 0：正常；1：不能使用储值票		
	bit3 0：正常；1：关闭服务(停止服务-无故障)		
	bit4～7 保留填0		
保留	全填0，转发方原样转发，执行方忽略本字段	Byte	2

表 9.3.1-2　网络状态检测报文应答格式

字段	定义	类型	长度(字节)
应答码	参见表6.0.3-2	Byte	1
服务器时间	终端设备本机时间与服务器时间相差大于1 min且小于60 min时进行时间同步，否则不进行同步 AGM支持3200时间同步后，不再根据3012进行时间同步	Long	4
联机超时时间	AGM初始化时默认设置为300 ms，3201二维码联机交易确认报文中超时时间与本字段保持一致 单位：50 ms	Byte	1

续表9.3.1-2

字段	定义	类型	长度(字节)
保留	全填0,转发方原样转发,执行方忽略本字段	Block	3

9.3.2 3201二维码联机交易确认报文用于请求二维码交易确认信息,应答失败或者没有收到应答,终端不做存储重发。终端收到应答后的5 s内,同账户的连续重复刷码数据将直接过滤,不再发起请求。请求报文应符合表9.3.2-1的规定,应答报文应符合表9.3.2-2的规定。

表9.3.2-1 二维码联机交易确认报文请求格式

字段	定义	类型	长度(字节)
设备节点码	—	Block	4
交易时间	包含年月日时分秒,格式为“YYYYMMDDhhmmss”,程序传输的数值等于从1970年1月1日0时0分0秒起到所填时刻经过的秒数	Long	4
交易流水	—	Long	4
交易类型	参见表7.0.7	Byte	1
二维码介质	0:交通部二维码;1:随申码;2:地铁码	Byte	1
二维码账户	相对唯一数值	Block	10
原始卡类型	由读写器返回	Byte	1
映射后卡类型	由读写器返回	Byte	1
随申码颜色	bit0～1:00为绿色;01为黄色;10为红色 bit2～7:保留	Byte	1
保留	全填0,转发方原样转发,执行方忽略本字段	Block	29

表 9.3.2-2　二维码联机交易确认报文应答格式

字段	定义	类型	长度(字节)
应答码	应答码为 00,拒绝码为 00 释放阻挡机构,否则界面显示请去服务中心及拒绝码;应答码为非 00 时,界面显示请去服务中心,拒绝码为 01	Byte	1
拒绝码		Byte	1
二维码账户	相对唯一数值	Block	10
服务器返回上次使用时间	脱机全填 0	Long	4
服务器返回上次使用站点	脱机全填 0	Byte	4
服务器返回上次使用流水号	脱机全填 0	Byte	4
服务器返回交易金额	脱机全填 0	Long	4
服务器返回交易事件码	脱机全填 0	Byte	1
服务器返回优惠金额	脱机全填 0	Long	4
服务器返回票卡类型	脱机全填 0	Byte	1
服务器时间	脱机全填 0	Long	4
服务器流水号	脱机全填 0	Long	4
服务器加密数据	脱机全填 0,加密数据定义参考表 9.3.2-3	Block	16
终端设备流水号	—	Long	4
保留	全填 0,转发方原样转发,执行方忽略本字段	Block	8

表 9.3.2-3　业务加密数据定义

字段	定义	类型	长度(字节)
设备节点码	—	Block	4
交易时间	包含年月日时分秒,格式为“YYYYMMDDhhmmss”,程序传输的数值等于从 1970 年 1 月 1 日 0 时 0 分 0 秒起到所填时刻经过的秒数	Long	4

续表9.3.2-3

字段	定义	类型	长度(字节)
交易流水	—	Long	4
交易类型	参考交易事件码定义二维码启用项	Byte	1
二维码信息的二维码账户	参见《交通一卡通二维码支付技术规范》JT/T 1179	Block	10
服务端自定义数据	由后台设定	Block	16

9.3.3 3202二维码联机交易数据报文用于终端上传二维码交易标志、交易金额等内容,格式应符合表9.3.3的规定。联机时,二维码联机交易数据流水号可以不连续,应与6026二维码脱机交易数据报文中的流水号保持一致,脱机此报文不发。

表9.3.3 二维码联机交易数据报文格式

字段	定义	类型	长度(字节)
设备节点码	—	Block	4
交易时间	包含年月日时分秒,格式为"YYYYMMDDhhmmss",程序传输的数值等于从1970年1月1日0时0分0秒起到所填时刻经过的秒数	Long	4
交易流水	—	Long	4
操作员编号	AGM预留0	Long	4
交易类型	参见表7.0.7	Byte	1
联机交易标志	0:联机;1:断网脱机;2:命令脱机	Byte	1
服务器上次使用时间	脱机全填0	Long	4
服务器上次使用站点	脱机全填0	Byte	4
服务器上次使用流水号	脱机全填0	Byte	4
服务器返回交易金额	脱机全填0	Long	4

续表9.3.3

字段	定义	类型	长度(字节)
服务器返回交易事件码	脱机全填0	Byte	1
服务器返回优惠金额	脱机全填0	Long	4
服务器返回票卡类型	脱机填写读写器返回的映射后卡类型	Byte	1
服务器时间	脱机全填0	Long	4
服务器流水号	脱机全填0	Long	4
服务器加密数据	脱机全填0,业务加密数据定义见表9.3.2-3	Block	16
SAM卡号1	上海交通卡自有密钥,前补2000	Block	6
SAM卡号2	交通部密钥,非国密	Block	6
TAC	—	Byte	4
二维码信息内的码类型	取卡信息返回的用户类型字段	Byte	1
二维码信息内的二维码账户	—	Block	10
二维码信息内的二维码版本	—	Byte	1
二维码信息内的算法标识	04	Byte	1
二维码介质	0:交通部二维码;1:随申码;2:地铁码	Byte	1
二维码有效长度	由终端设备负责计算	Byte	2
交通部二维码结构	参见《交通一卡通二维码支付技术规范》JT/T 1179	Block	364
二维码结构预留	不足补0	Block	99
保留	全填0,转发方原样转发,执行方忽略本字段	Block	47

9.3.4 3203二维码当前状态查询报文用于BOM请求二维码当前状态信息,请求报文应符合表9.3.4-1的规定,应答报文应符合表9.3.4-2的规定。

表 9.3.4-1　二维码当前状态查询报文请求格式

字段	定义	类型	长度(字节)
二维码介质	—	Byte	1
二维码账户	—	Block	10
操作员编号	—	Long	4
交易时间	—	Long	4
当前车站节点	—	Long	4
设备节点码	—	Long	4
保留	全填 0,转发方原样转发,执行方忽略本字段	Byte	8

表 9.3.4 2　二维码当前状态查询报文应答格式

字段	定义	类型	长度(字节)
应答码	参见表 6.0.3-2	Byte	1
二维码介质	—	Byte	1
二维码账户	—	Block	10
保留	全填 0,转发方原样转发,执行方忽略本字段	Byte	1
保留	全填 0,转发方原样转发,执行方忽略本字段	Byte	1
保留	全填 0,转发方原样转发,执行方忽略本字段	Byte	1
卡片缓存数据	用于 BOM 联机查询后发起的更新界面显示	Block	33

9.3.5　3204 二维码更新交易确认报文用于 BOM 向服务器请求二维码交易确认信息,应答失败或者没有收到应答,终端不做存储重发。请求报文应符合表 9.3.5-1 的规定,应答报文应符合表 9.3.5-2 的规定。

表 9.3.5-1 二维码联机更新交易确认报文请求格式

字段	定义	类型	长度(字节)
设备节点码	—	Block	4
交易时间	包含年月日时分秒,格式为"YYYYMMDDhhmmss",程序传输的数值等于从1970年1月1日0时0分0秒起到所填时刻经过的秒数	Long	4
交易流水	—	Long	4
交易类型	参见表 7.0.7	Byte	1
二维码介质	0:交通部二维码;1:随申码;2:地铁码	Byte	1
二维码账户	相对唯一数值	Block	10
保留	全填0,转发方原样转发,执行方忽略本字段	Block	32

表 9.3.5-2 二维码联机交易确认报文应答格式

字段	定义	类型	长度(字节)
应答码	应答码为00时判断拒绝码	Byte	1
拒绝码	拒绝码为00时更新拒绝	Byte	1
二维码介质	0:交通部二维码;1:随申码;2:地铁码	Byte	1
二维码账户	相对唯一数值	Block	10
服务器返回上次使用时间	脱机全填0	Long	4
服务器返回上次使用站点	脱机全填0	Byte	4
服务器返回上次使用流水号	脱机全填0	Byte	4
服务器返回交易金额	脱机全填0	Long	4
服务器返回交易事件码	脱机全填0	Byte	1
服务器返回优惠金额	脱机全填0	Long	4
服务器返回票卡类型	脱机全填0	Byte	1

续表9.3.5-2

字段	定义	类型	长度(字节)
服务器时间	脱机全填0	Long	4
服务器流水号	脱机全填0	Long	4
服务器加密数据	脱机全填0 加密数据定义参考本标准表9.3.2-3	Block	16
终端设备流水号	—	Long	4
保留	全填0,转发方原样转发,执行方忽略本字段	Block	8

9.3.6 5040AGM维护寄存器数据报文用于上传审计类型码、寄存器数据等内容,格式应符合表9.3.6的规定。

表9.3.6 AGM维护寄存器数据报文格式

字段	定义	类型	长度(字节)
设备节点码	—	Block	4
审计类型码	参见本标准表7.0.6	Byte	1
采集时间	包含年月日时分秒,格式为"YYYYMMDDhhmmss",程序传输的数值等于从1970年1月1日0时0分0秒起到所填时刻经过的秒数	Long	4
寄存器数据	00～02:票箱1～票箱3中的票数 03～08:保留 09:收回的单程票数 10:收回的测试票等的数量	Long	44

9.3.7 5041设备状态报文用于上传设备状态等内容,格式应符合表9.3.7的规定。

表9.3.7 设备状态报文格式

字段	定义	类型	长度(字节)
状态记录,每条记录17字节,可记录N条			$N\times17$
设备节点码	—	Block	4

续表9.3.7

字段	定义	类型	长度(字节)
事件发生时间	包含年月日时分秒,格式为"YYYYMMDDhhmmss",程序传输的数值等于从1970年1月1日0时0分0秒起到所填时刻经过的秒数	Long	4
设备状态	Byte0:节点类型(参见表7.0.2-2) Byte1:机器状态0 AGM bit0:开(1)/关(0) AGM bit1:停止服务(1)/无故障(0) AGM bit2:测试(1)/生产(0) AGM bit3:日期免检(1) AGM bit4:进/出站免检(1) AGM bit5:票箱2将满(1) AGM bit6:欠费免检(1) AGM bit7:票箱1将满(1) BOM bit0:开(1)/关(0) BOM bit1:停止服务(1)/无故障(0) BOM bit2:测试(1)/生产(0) BOM bit3:日期免检(1) BOM bit4:进/出站免检(1) BOM bit5:保留 BOM bit6:欠费免检(1) BOM bit7:保留 ATVMbit0:开(1)/关(0) ATVMbit1:停止服务(1)/无故障(0) ATVMbit2:测试(1)/生产(0) ATVMbit3:纸币箱被取出(1) ATVMbit4:纸币箱将满(1) ATVMbit5:硬币箱被取出(1) ATVMbit6:硬币箱将满(1) ATVMbit7:硬币找零少(1) CVMbit0:开(1)/关(0) CVMbit1:保留 CVMbit2:测试(1)/营运(0) CVMbit3:银箱取出(1) CVMbit4:银箱将满(1) CVMbit5:银箱不在(1) CVMbit6:门被打开(1) CVMbit7:门未锁(1) SC/SOC bit0:当前参数同步(0)/不同步(1)	Block	5

续表9.3.7

字段	定义	类型	长度(字节)
设备状态	SC/SOC bit1:将来参数同步(0)/不同步(1) SC/SOC bit2:时间免检(1) SC/SOC bit3:日期免检(1) SC/SOC bit4:进/出站免检(1) SC/SOC bit5:紧急按钮被按下(1) SC/SOC bit6:车费免检(1) SC/SOC bit7:电源故障(1) Byte2:机器状态1 AGM bit0:出站(1)/进站(0) AGM bit1:双向模式(1)/单向模式(0) AGM bit2:时间免检(1) AGM bit3:票箱1被取出(1) AGM bit4:列车故障模式(1) AGM bit5:保留 AGM bit6:票箱2被取出(1) AGM bit7:紧急(1) BOM bit0:EFO(1)/BOM(0) BOM bit1:已登录(1)/签退(0) BOM bit2:时间免检(1) BOM bit3:保留 BOM bit4:列车故障模式(1) BOM bit5~6:保留 BOM bit7:紧急(1) ATVMbit0:门开(1) ATVMbit1:门被开锁(1) ATVMbit2:票少(1) ATVMbit3:纸币找零少(1) ATVMbit4:无找零模式(1)/找零模式(0) ATVMbit5:钱箱未锁定(1) ATVMbit6:维护键盘通信故障(1) ATVMbit7:保留 CVMbit0:保留 CVMbit1:维护键盘通信错(1) CVMbit2~6:保留 CVMbit7:紧急(1) SC/SOC bit0:运营结束(1)/运营状态(0) SC/SOC bit1:已登录(1)/签退(0) SC/SOC bit2:未初始化(1)	Block	5

续表9.3.7

字段	定义	类型	长度(字节)
设备状态	SC/SOC bit3:MCC通信错(1) SC/SOC bit4:列车故障模式(1) SC/SOC bit5:SC主机通信错(1) SC/SOC bit6:SC SLE通信错(1) SC/SOC bit7:紧急模式(1) Byte3:事件代码高位字节/动作 bit7:动作:事件清除(0)/事件设置(1) bit0～6:事件代码高位字节 Byte4:事件代码低位字节(见表9.2.11-2)	Block	5
与事件相关的节点	仅用于3008系统故障代码参数所规定的事件代码7和事件代码14	Block	4

9.3.8 5042操作员签到/签退报文用于上传操作员登录/签退信息等内容,格式应符合表9.3.8的规定。

表9.3.8 操作员签到/签退报文格式

字段	定义	类型	长度(字节)
操作员编号	—	Long	4
设备节点码	—	Block	4
事件	0:签退 1:保留 2:用口令登录 3:自动签退 4～6:保留	Byte	1
操作员类别	0:票款员 1:售票员 2:维护人员(无收益数据访问权限) 3:车站站长 4:设备技术人员 5:编码人员 6～15:保留	Byte	1

9.3.9 5043设备部件信息报文用于上传各种部件信息等内容,格式应符合表9.3.9的规定。

表 9.3.9　设备部件信息请求报文格式

字段	定义	类型	长度(字节)
部件信息记录,每条记录 28 字节,可记录 N 条			N ×28
设备节点码	—	Block	4
上报部件信息时间	包含年月日时分秒,格式为“YYYYMMDDhhmmss”,程序传输的数值等于从 1970 年 1 月 1 日 0 时 0 分 0 秒起到所填时刻经过的秒数	Long	4
部件类型	17H:进站读写器 1CH:工控机 1DH:阻挡机构 1EH:阻挡机构控制板 1FH:进站读写器天线 20H:出站读写器 21H:出站读写器天线 22H:回收读写器 23H:回收读写器天线 24H:票卡传输模块 25H:票卡回收模块 26H:票卡回收模块控制板 27H:发卡模块 28H:纸币循环模块 29H:纸币回收模块 2AH:纸币找零模块 2BH:纸币识别器 2CH:硬币模块 2DH:硬币找零器 2EH:硬币回收箱 2FH:硬币识别器 30H:硬币处理控制板 31H:ATVM 读写器 32H:BOM 读写器	Byte	1
部件软件版本号	—	Block	4
部件唯一身份识别码	—	Block	10
厂商代码	—	Byte	1
保留	全填 0,转发方原样转发,执行方忽略本字段	Byte	4

9.3.10 5044新设备状态报文用于上传二维码模块信息等新增状态记录内容，格式应符合表9.3.10的规定。

表9.3.10 新设备状态请求报文格式

字段	定义	类型	长度(字节)
状态记录，每条记录30字节，可记录N条			$N\times21$
设备节点码	—	Block	4
事件发生时间	包含年月日时分秒，格式为"YYYYMMDD hhmmss"，程序传输的数值等于从1970年1月1日0时0分0秒起到所填时刻经过的秒数	Long	4
设备状态	Byte0：设备类型编码(参见表7.0.2-2) Byte1：机器状态0(参见表9.3.7) Byte2：机器状态1(参见表9.3.7) Byte3：机器状态2 AGM bit0：进站端单程票模块故障(1)/(0) AGM bit1：出站端单程票模块故障(1)/(0) AGM bit2：进站端交通卡模块故障(1)/(0) AGM bit3：出站端交通卡模块故障(1)/(0) AGM bit4：进站端二维码模块故障(1)/(0) AGM bit5：出站端二维码模块故障(1)/(0) AGM bit6～7：保留 BOM bit0：单程票读写器故障(1)/(0) BOM bit1：单程票发卡机构故障(1)/(0) BOM bit2：交通卡读写器故障(1)/(0) BOM bit3：交通卡充值故障(1)/(0) BOM bit4：二维码读写器故障(1)/(0) BOM bit5～7：保留 ATVMbit0：硬币接收模块故障(1)/(0) ATVMbit1：硬币找零模块故障(1)/(0) ATVMbit2：纸币接收模块故障(1)/(0) ATVMbit3：纸币找零模块故障(1)/(0) ATVMbit4：发卡模块故障(1)/(0) ATVMbit5～7：保留 CVMbit0～7：保留 SC/SOC bit0～7：保留	Block	9

续表9.3.10

字段	定义	类型	长度(字节)
设备状态	Byte4:机器状态 3 AGM bit0:阻挡机构故障(1)/(0) AGM bit1:磁盘将满(1)/(0) AGM bit2:通信故障(1)/(0) AGM bit3:脱机交易模式(1)/(0) AGM bit4～7:保留 BOM bit0:交通卡降级授权模式(1)/(0) BOM bit1:磁盘将满(1)/(0) BOM bit2:通信故障(1)/(0) BOM bit3～7:保留 ATVMbit0:运营状态显示器故障(1)/(0) ATVMbit1:磁盘将满(1)/(0) ATVMbit2:通信故障(1)/(0) ATVMbit3:语音识别模块故障(1)/(0) ATVMbit4～7:保留 CVMbit2:通信故障(1)/(0) CVMbit3～7:保留 SC/SOC bit0:保留 SC/SOC bit1:磁盘将满(1)/(0) SC/SOC bit2:通信故障(1)/(0) SC/SOC bit3～7:保留 Byte5:机器状态 5:保留 Byte6:机器状态 6:保留 Byte7:机器状态 7:保留 Byte8:机器状态 8:保留	Block	9
与事件相关的节点	仅用于 3008 系统故障代码参数所规定的事件代码 7 和事件代码 14	Block	4

9.3.11 6000 收益寄存器数据报文应分为下列四类:

1 AGM 收益寄存器数据报文用于上传单程票出站数、二维码进站人数等内容,格式应符合表 9.3.11-1 的规定。

表 9.3.11-1 AGM 收益寄存器数据报文格式

字段	定义	类型	长度(字节)
设备节点码	—	Block	4
审计类型码	参见表 7.0.6	Byte	1

续表9.3.11-1

字段	定义	类型	长度(字节)
设备类型码	类型为AGM	Byte	1
保留	全填0,转发方原样转发,执行方忽略本字段	Byte	1
保留	全填0,转发方原样转发,执行方忽略本字段	Long	4
保留	全填0,转发方原样转发,执行方忽略本字段	Long	4
采集时间	包含年月日时分秒,格式为"YYYYMMDDhhmmss",程序传输的数值等于从1970年1月1日0时0分0秒起到所填时刻经过的秒数	Long	4
寄存器数据	每个寄存器对应一类票种,其他票种数据通过"4009车票类型对应关系"汇集到已有票种对应的寄存器中,寄存器使用定义如下: 00:进站数(所有票种) 01:出站数(所有票种) 02:用普通成人卡1进站数-成人(票种04H) 03:用单程票进站数(票种64H) 04:用计次票1进站数(票种78H) 05:保留 06:用公务票4进站数(轨道交通专用票类型,票种8DH) 07:用打折类型1A(D1-交通卡,儿童交通卡)票进站数(票种30H) 08:用打折类型1B(D2-交通卡,保通卡)票进站数(票种19H) 09:用纪念票1进站数(票种80H) 10:入口处拒绝数 11:用普通成人卡1出站数(票种04H) 12:用单程票出站数(票种64H) 13:用计次票1出站数(票种78H) 14:保留 15:用公务票4出站数(轨道交通专用票类型,票种8DH)	Long	256

续表9.3.11-1

字段	定义	类型	长度(字节)
寄存器数据	16:用打折类型 1A(D1 -交通卡,儿童交通卡)票出站数(票种 30H) 17:用打折类型 1B(D2 -交通卡,保通卡)票出站数(票种 19H) 18:用纪念票 1 出站数(票种 80H) 19:出站 AGM 处拒绝数 20:回收数 21:普通成人卡 1 扣款值(票种 04H) 22:单程票扣款值(票种 64H) 23:总扣款值(所有涉及扣费的累计) 24:公务票 4 扣款值(轨道交通专用票类型,票种 8DH) 25:打折类型 1A(D1 -交通卡,儿童交通卡)票扣款值(票种 30H) 26:打折类型 1B(D2 -交通卡,保通卡)票扣款值(票种 06H) 27:纪念票 1 扣款值(票种 80H) 28:非高峰时段出站数 29:自由出站数 30:同站出站数 31:合法的测试票数 32:不足额,储值交通卡的最后乘次奖励 33:单程票剩余票值 34:不足额,城市轨道交通专用车票的最后乘次奖励 35:交通卡优惠次数 36:交通卡优惠金额 37:银行卡进站人数 38:银行卡出站人数 39:银行卡扣款值 40:银行卡优惠次数 41:银行卡优惠金额 42:检票机紧急模式进站数 43:检票机紧急模式出站数 44:计时计次票 1 进站数(票种 84H) 45:计时计次票 1 出站数(票种 84H) 46:二维码进站人数 47:二维码出站人数 48:二维码扣款值	Long	256

续表9.3.11-1

字段	定义	类型	长度(字节)
寄存器数据	49:二维码优惠次数 50:二维码优惠金额 51～63:保留	Long	256

2 BOM1收益寄存器数据报文用于上传售票数、售票金额等内容,格式应符合表9.3.11-2的规定。

表9.3.11-2 BOM1收益寄存器数据报文格式

字段	定义	类型	长度(字节)
设备节点码	—	Block	4
审计类型码	参见表7.0.6	Byte	1
设备类型码	类型为BOM	Byte	1
保留	全填0,转发方原样转发,执行方忽略本字段	Byte	1
操作员编号	—	Long	4
保留	全填0,转发方原样转发,执行方忽略本字段	Long	4
采集时间	包含年月日时分秒,格式为"YYYYMMDDhhmmss",程序传输的数值等于从1970年1月1日0时0分0秒起到所填时刻经过的秒数	Long	4
寄存器数据	00～30:区域1～区域31售票数 31:区域32～区域64售票数 32～62:区域1～区域31售票金额 63:区域32～区域64售票金额	Long	256

3 ATVM收益寄存器数据报文用于上传售票数、接受的硬币总金额等内容,格式应符合表9.3.11-3的规定。

表9.3.11-3 ATVM收益寄存器数据报文格式

字段	定义	类型	长度(字节)
设备节点码	—	Block	4

续表9.3.11-3

字段	定义	类型	长度(字节)
审计类型码	参见表7.0.6	Byte	1
设备类型码	类型为ATVM	Byte	1
保留	全填0,转发方原样转发,执行方忽略本字段	Byte	1
操作员编号	—	Long	4
钞箱编号	—	Long	4
采集时间	包含年月日时分秒,格式为"YYYYMMDDhhmmss",程序传输的数值等于从1970年1月1日0时0分0秒起到所填时刻经过的秒数	Long	4
寄存器数据	00～19:区域1～区域20售票数 20:区域21～区域64售票数 21～40:区域1～区域20售票金额 41:区域21～区域64售票金额 42:接受的硬币总金额 43:接受的纸币总金额 44:累计硬币找零金额 45:累计纸币找零金额 46:硬币回收箱1内金额(不累加) 47:硬币回收箱2内金额(不累加) 48:硬币暂存器内金额(不累加) 49:硬币找零箱1内金额(不累加) 50:硬币找零箱2内金额(不累加) 51:纸币回收箱内金额(不累加) 52:纸币找零箱内金额(不累加) 53:超付金额 54:储值票购票张数 55:储值票购票金额 56:循环箱1总金额 57:循环箱2总金额 58:废币总金额 59:一日票售票数 60:三日票售票数 61～62:保留 63:补币/找零时不识别次数	Long	256

4 CVM收益寄存器数据报文用于上传公共交通卡售卡金额、收到的纸币张数等内容，格式应符合表9.3.11-4的规定。

表9.3.11-4 CVM收益寄存器数据报文格式

字段	定义	类型	长度(字节)
设备节点码	—	Block	4
审计类型码	参见表7.0.6	Byte	1
设备类型码	类型为CVM	Byte	1
保留	全填0，转发方原样转发，执行方忽略本字段	Byte	1
操作员编号	—	Long	4
钞箱编号	—	Long	4
采集时间	包含年月日时分秒，格式为"YYYYMMDDhhmmss"，程序传输的数值等于从1970年1月1日0时0分0秒起到所填时刻经过的秒数	Long	4
寄存器数据	00：公共交通卡加值次数＋售卡次数 01：公共交通卡加值金额＋售卡金额 02：公共交通卡售卡次数 03：公共交通卡售卡金额 04～19：保留 20：钱箱内的纸币张数(不累加) 21：钱箱内的纸币金额(不累加) 22～29：保留 30：收到的纸币张数(不累加) 31：收到的纸币金额(不累加) 32～49：保留 50：收到1元的张数 51：收到2元的张数 52：收到5元的张数 53：收到10元的张数 54：收到20元的张数 55：收到50元的张数 56：收到100元的张数 57～63：保留	Long	256

9.3.12 6001BOM/THM 收益寄存器数据报文用于上传储值卡发售/充值、票务处理等内容，格式应符合表 9.3.12 的规定。

表 9.3.12 BOM/THM 收益寄存器数据报文格式

字段	定义	类型	长度(字节)
设备节点码	—	Block	4
审计类型码	参见表 7.0.6	Byte	1
设备类型码	类型为 BOM/THM	Byte	1
保留	全填 0，转发方原样转发，执行方忽略本字段	Byte	1
操作员编号	—	Long	4
保留	全填 0，转发方原样转发，执行方忽略本字段	Long	4
采集时间	包含年月日时分秒，格式为“YYYYMMDDhhmmss”，程序传输的数值等于从 1970 年 1 月 1 日 0 时 0 分 0 秒起到所填时刻经过的秒数	Long	4
寄存器数据	每个寄存器对应一类票种，其他票种数据通过“4009 车票类型对应关系”汇集到已有票种对应的寄存器中，寄存器使用定义如下： 00：普通成人卡 1 发售数(票种 04H) 01：普通成人卡 2 发售数(票种 08H) 02：保留 03：个人化 VIP 卡 1 发售数(票种 1EH) 04：儿童卡 1 发售数(票种 30H) 05：预留交通卡发售数(票种 06H) 06：月票 1 发售数(票种 74H) 07：周票 1 发售数(票种 76H) 08：普通成人卡 1 充值次数(票种 04H) 09：普通成人卡 2 充值次数(票种 08H) 10：保留 11：个人化 VIP 卡 1 充值次数(票种 1EH) 12：儿童卡 1 充值次数(票种 30H) 13：预留交通卡充值次数(票种 06H) 14：普通成人卡 1 发售金额(票种 04H)	Long	256

续表9.3.12

字段	定义	类型	长度(字节)
寄存器数据	15:普通成人卡2发售金额(票种08H) 16:保留 17:个人化 VIP 卡1发售金额(票种1EH) 18:儿童卡1发售金额(票种30H) 19:预留交通卡发售金额(票种06H) 20:月票1发售金额(票种74H) 21:周票1发售金额(票种76H) 22:普通成人卡1充值金额(票种04H) 23:普通成人卡2充值金额(票种08H) 24:保留 25:个人化 VIP 卡1充值金额(票种1EH) 26:儿童卡1充值金额(票种30H) 27:预留交通卡充值金额(票种06H) 28:交通卡超时补票次数(票种0～63H) 29:交通卡超时补票金额(票种0～63H) 30:普通成人卡1更换数(票种04H) 31:个人化 VIP 卡1更换数(票种1EH) 32:儿童卡1更换数(票种30H) 33:预留交通卡更换数(票种06H) 34:月票1更换数(票种74H) 35:周票1更换数(票种76H) 36:普通成人卡1转账金额(票种04H) 37:个人化 VIP 卡1转账金额(票种1EH) 38:儿童卡1转账金额(票种30H) 39:预留交通卡转账金额(票种06H) 40:交通卡出站补票次数(票种0～63H) 41:交通卡出站补票金额(票种0～63H) 42:往返票3发行数(票种98H) 43:单程票进站更新数(票种64H) 44:单程票免费出站更新数(票种64H) 45:罚款出站次数(票种64H) 46:收取超程次数(所有票种) 47:单程票出站补票次数(票种64H)(付费出站票) 48:其他票出站补票次数(票种号＞63H,非单程票) 49:单程票超时补票次数(票种64H) 50:其他票超时补票数(票种号＞63H,非单程票)	Long	256

续表9.3.12

字段	定义	类型	长度(字节)
寄存器数据	51:自由出站票数(免费出站票) 52:单程票售票金额 53:出站罚款总金额(现金)(所有票种) 54:出站补票收款总金额(现金)(所有票种)(付费出站票) 55:超时出站补票收款金额(现金)(所有票种) 56:往返票3发放测试票数(票种98H) 57:分析交易笔数 58:超程出站补票收款金额(现金)(所有票种) 59:二维码超时补票次数 60:二维码超时补票金额 61:二维码出站更新次数 62:二维码出站更新金额 63:二维码进站更新次数	Long	256

9.3.13 6002城市轨道交通专用车票交易数据报文用于上传多条专用车票交易数据记录,格式应符合表9.3.13-1的规定,应答报文格式应符合表9.3.13-2的规定。

表9.3.13-1 城市轨道交通专用车票交易数据报文格式

字段	定义	类型	长度(字节)
交易数据记录,每条记录62字节,可记录N条			$N\times62$
交易事件码	参见表7.0.7	Byte	1
车票类型码	仅城市轨道交通专用车票类型	Byte	1
原始票卡标识	—	Long	4
新票卡标识	仅用于更换交易	Long	4
操作员编号/上一笔进站时间	当交易事件码为更新、充值、发售时,此域填写操作员编号; 当交易事件码为出站时,此域填写上一笔进站记录的交易时间	Long	4
SAM卡号	—	Long	4

续表9.3.13-1

字段	定义	类型	长度(字节)
交易日期时间	包含年月日时分秒，格式为“YYYYMMDDhhmmss”，程序传输的数值等于从1970年1月1日0时0分0秒起到所填时刻经过的秒数	Long	4
交易前票值	可为负值	Long	4
交易金额	—	Word	2
当前车站	SC的节点标识码	Block	4
上次使用车站	SC的节点标识码	Block	4
剩余乘次	仅用于乘次票	Byte	1
终端设备标识	—	Block	4
终端流水号	—	Long	4
票计数器	—	Word	2
售票设备标识	包含线路、车站、设备编码，取自车票数据结构中的售票设备标识码	Block	3
优惠金额	全价票额与实际交易额的差值	Word	2
保留	全填0，转发方原样转发，执行方忽略本字段	Byte	6
TAC	—	Block	4

表9.3.13-2 城市轨道交通专用车票交易数据应答报文格式

字段	定义	类型	长度(字节)
应答码	参见表6.0.3-2	Byte	1
清分日期	仅ACC返回的应答中的本字段有意义 YYYYMMDD	N	8

9.3.14 6003交通卡交易数据报文用于上传多条交通卡交易数据记录，格式应符合表9.3.14-1的规定，应答报文格式应符合表9.3.14-2的规定。

表 9.3.14-1　交通卡交易数据请求报文格式

字段	定义	类型	长度(字节)
交易数据记录，每条记录 67 字节，可记录 N 条			$N\times67$
交易事件码	参见表 7.0.7	Byte	1
车票类型码	仅交通卡车票类型	Byte	1
原始票卡标识	卡唯一代码(M1 卡)或应用序列号第 7～10 字节(CPU 卡)	Long	4
新票卡标识	应用序列号第 3～6 字节(CPU 卡)	Long	4
操作员编号/上一笔进站时间	当交易事件码为更新、充值、发售时，此域填写操作员编号； 当交易事件码为出站时，此域填写上一笔进站记录的交易时间	Long	4
SAM 卡号	—	Long	4
交易日期时间	包含年月日时分秒，格式为"YYYYMMDDhhmmss"，程序传输的数值等于从1970 年 1 月 1 日 0 时 0 分 0 秒起到所填时刻经过的秒数	Long	4
交易前票值	可能为负值	Long	4
交易金额	—	Word	2
当前车站	SC 的节点标识码	Block	4
上次使用车站	SC 的节点标识码	Block	4
终端设备标识	—	Block	4
终端流水号	—	Long	4
卡计数器	—	Word	2
城市代码	卡的发行城市代码(BCD 码)	Word	2
授权日期时间	新设备交易时，所有交易(含充值、消费、更新、维护)前五字节填 0，第六字节填写密钥算法标识，末字节填写交通卡版本号	Block	7
押金	仅用于售卡交易	Word	2

续表9.3.14-1

字段	定义	类型	长度(字节)
优惠金额	全价票额与实际交易额的差值	Word	2
交通卡交易标志	bit7为0:优惠交易,bit0~6代表7种优惠类型,有效(1)/无效(0) bit7为1:非优惠交易,bit0~6代表其他交易 bit6:卡类型优惠;bit5:节假日优惠;bit4:低峰时段优惠;bit3:地铁—地铁联乘优惠;bit2:轮渡—地铁联乘优惠;bit1:公交—地铁联乘优惠;bit0:累计优惠	Block	1
交通卡累积金额	本交易完成后的累积金额(高位字节在前,低位字节在后)	Block	3
TAC	—	Block	4

表9.3.14-2 交通卡交易应答报文格式

字段	定义	类型	长度(字节)
应答码	参见表6.0.3-2	Byte	1
清分日期	仅ACC返回的应答中本字段有意义 YYYYMMDD	N	8

9.3.15 6016交通部城市公共交通卡交易报文用于上传交通部交通卡交易日期时间、终端流水号等内容,格式应符合表9.3.15的规定。

表9.3.15 交通部城市公共交通卡交易数据报文格式

字段	定义	类型	长度(字节)
交易数据记录,每条记录96字节,可记录N条			$N\times96$
交易事件码	参见表7.0.7	Byte	1
本异地标志	12H:本地 13H:异地	Byte	1
车票类型码	转换前	Byte	1

续表9.3.15

字段	定义	类型	长度(字节)
车票业务类型码	转换后	Byte	1
发卡机构代码	不足长度后补 F	Byte	8
卡应用序列号	账户号码	Byte	10
操作员编号	仅用于 BOM	Long	4
SAM 卡号	当 BOM 充值或续期时,填写模块号	Block	6
交易日期时间	包含年月日时分秒,格式为"YYYYMMDDhhmmss",程序传输的数值等于从1970年1月1日0时0分0秒起到所填时刻经过的秒数	Long	4
交易前票值	—	long	4
交易金额	高位字节在前,低位字节在后 单位:0.01元人民币	Word	2
优惠金额	高位字节在前,低位字节在后 单位:0.01元人民币	Word	2
当前车站节点标识码	SC 的节点标识码	Block	4
上次使用日期时间	包含年月日时分秒,格式为"YYYYMMDDhhmmss",程序传输的数值等于从1970年1月1日0时0分0秒起到所填时刻经过的秒数	Long	4
上次使用车站节点标识码	SC 的节点标识码	Block	4
终端设备标识	—	Block	4
终端流水号	由 AGM 单独维护	Block	4
脱机交易序号	—	Word	2
优惠交易标志	同"6003 交通卡交易数据"报文中的交易标志	Byte	1
交易前进出站标志	—	Byte	1

续表9.3.15

字段	定义	类型	长度(字节)
保留	全填0,转发方原样转发,执行方忽略本字段	Byte	1
当月累积金额	本交易完成后的累积金额(高位字节在前,低位字节在后)	Long	4
当月累计次数	本交易完成后的累积次数(高位字节在前,低位字节在后)	Word	2
PSAM流水号	—	Long	4
消费密钥版本	—	Byte	1
消费密钥索引	—	Byte	1
算法标识	—	Byte	1
保留	全填0,转发方原样转发,执行方忽略本字段	Block	10
TAC	—	Byte	4

9.3.16 6023手机支付新功能专用交易数据报文用于上传手机支付交易金额、当前车站节点标识码等内容,格式应符合表9.3.16的规定。

表9.3.16 手机支付新功能专用交易数据报文格式

字段	定义	类型	长度(字节)
交易数据记录,每条记录176字节,可记录N条			$N\times176$
交易事件码	参见表7.0.7	Byte	1
车票类型码	4015映射后的类型	Byte	1
应用序列号	应用主账号	Byte	10
交易日期时间	包含年月日时分秒,格式为"YYYYMMDDhhmmss",程序传输的数值等于从1970年1月1日0时0分0秒起到所填时刻经过的秒数	Long	4

续表9.3.16

字段	定义	类型	长度(字节)
交易前钱包实际金额	不含透支限额 单位:0.01元人民币	Long	4
透支限额	单位:0.01元人民币	Long	4
交易金额	单位:0.01元人民币	Long	4
优惠金额	单位:0.01元人民币	Long	4
当前车站节点标识码	SC的节点标识码	Block	4
上次使用车站节点标识码	SC的节点标识码	Block	4
终端设备标识	—	Block	4
终端流水号	由AGM单独维护	Byte	3
特殊交易标志	—	Byte	1
当月累积金额	本交易完成后的累积金额(高位字节在前,低位字节在后)	Block	3
票卡有效期	YYMM	Byte	2
主账号序列号	—	Byte	1
发卡行代码	例如浦发银行代码:0101H	Byte	2
卡业务类型	00H:普通卡;90H:员工卡	Byte	1
应用密文	1字节长度+内容,后补0	Block	1+8
应用信息数据	1字节长度+内容,后补0	Block	1+1
发卡行应用数据	1字节长度+内容,后补0	Block	1+32
不可预知数	1字节长度+内容,后补0	Block	1+4
票卡计数器	1字节长度+内容,后补0	Block	1+2
终端验证结果	1字节长度+内容,后补0	Block	1+5
应用交互特征	1字节长度+内容,后补0	Block	1+2

续表9.3.16

字段	定义	类型	长度(字节)
终端性能	1字节长度+内容,后补0	Block	1+3
应用版本号	1字节长度+内容,后补0	Block	1+2
电子现金发卡行授权码	1字节长度+内容,后补0	Block	1+6
应用标识	1字节长度+内容,后补0	Block	1+16
产品信息标识	1字节长度+内容,后补0	Block	1+16
动态数据认证完成标志	0:未完成;1:完成;重取交易认证码时根据读写器返回值填写,其他情况由上位机填1	Byte	1
操作员编号/上一笔进站时间	当交易事件码为更新、充值、发售时,此域填写操作员编号; 当交易事件码为出站时,此域填写上一笔进站记录的交易时间	Long	4
保留	全填0,转发方原样转发,执行方忽略本字段	Byte	5

9.3.17 6026二维码脱机交易数据报文用于上传二维码交易标志、交易金额等内容,格式应符合表9.3.17的规定。

表9.3.17 二维码交易数据报文格式

字段	定义	类型	长度(字节)
设备节点码	—	Block	4
交易时间	包含年月日时分秒,格式为"YYYYMMDDhhmmss",程序传输的数值等于从1970年1月1日0时0分0秒起到所填时刻经过的秒数	Long	4
交易流水	—	Long	4
操作员编号	AGM预留0	Long	4
交易类型	参见表7.0.7	Byte	1

续表9.3.17

字段	定义	类型	长度(字节)
联机交易标志	0:联机 1:断网脱机 2:命令脱机	Byte	1
服务器上次使用时间	脱机全填0	Long	4
服务器上次使用站点	脱机全填0	Byte	4
服务器上次使用流水号	脱机全填0	Byte	4
服务器返回交易金额	脱机全填0	Long	4
服务器返回交易事件码	脱机全填0	Byte	1
服务器返回优惠金额	脱机全填0	Long	4
服务器返回票卡类型	脱机填写读写器返回的映射后卡类型	Byte	1
服务器时间	脱机全填0	Long	4
服务器流水号	脱机全填0	Long	4
服务器加密数据	脱机全填0 业务加密数据定义见表9.3.2-3	Block	16
SAM卡号1	上海交通卡自有密钥,前补2000	Block	6
SAM卡号2	交通部密钥,非国密	Block	6
TAC	—	Byte	4
二维码信息内的码类型	取卡信息返回的用户类型字段	Byte	1
二维码信息内的二维码账户	—	Block	10

续表9.3.17

字段	定义	类型	长度(字节)
二维码信息内的二维码版本	—	Byte	1
二维码信息内的算法标识	04	Byte	1
二维码介质	0:交通部二维码;1:随申码;2:地铁码	Byte	1
二维码有效长度	由终端设备负责计算	Byte	2
交通部二维码结构	参见《交通一卡通二维码支付技术规范》JT/T 1179	Block	364
二维码结构预留	不足补0	Block	99
预留	—	Block	47

9.3.18 6033员工卡支付专用交易数据报文用于上传员工卡交易金额、当前车站等内容,格式应符合表9.3.18的规定。

表9.3.18 员工卡支付专用交易数据报文格式

字段	定义	类型	长度(字节)
交易数据记录,每条记录80字节,可记录N条			$N\times80$
交易事件码	参见表7.0.7	Byte	1
车票类型码	—	Byte	1
票卡标识	应用序列号后4字节	Long	4
应用序列号	—	Byte	10
SAM卡号	高两个字节固定值,固定值为2000H	Byte	6
交易日期时间	包含年月日时分秒,格式为"YYYYMMDDhhmmss",程序传输的数值等于从1970年1月1日0时0分0秒起到所填时刻经过的秒数	Long	4
交易前钱包实际金额	不含透支限额 单位:0.01元人民币	Long	4

续表9.3.18

字段	定义	类型	长度(字节)
保留	全填0,转发方原样转发,执行方忽略本字段	Byte	3
交易金额	单位:0.01元人民币	Word	2
当前车站	SC的节点标识码	Block	4
上次使用车站	SC的节点标识码	Block	4
终端设备标识	—	Block	4
终端流水号	由终端设备单独维护	Byte	3
终端交易序号	PSAM卡内的终端交易序号,交易前数值	Long	4
电子钱包交易序号	脱机交易序号,交易前数值	Word	2
密钥索引	—	Byte	1
密钥版本号	—	Byte	1
优惠金额	—	Word	2
锁卡结果	—	Byte	1
保留	全填0,转发方原样转发,执行方忽略本字段	Word	1
特殊交易标志	—	Byte	1
当月累积金额/次数	本交易完成后的累积金额/次数(高位字节在前,低位字节在后)	Block	3
TAC	—	Byte	4
保留	全填0,转发方原样转发,执行方忽略本字段	Byte	1
操作员编号/上一笔进站时间	当交易事件码为更新、充值、发售时,此域填写操作员编号; 当交易事件码为出站时,此域填写上一笔进站记录的交易时间	Long	4
保留	全填0,转发方原样转发,执行方忽略本字段	Byte	5

9.3.19 6040 客流寄存器数据报文用于上传单程票、交通卡等进出站数，格式应符合表 9.3.19 的规定。

表 9.3.19 客流寄存器数据报文格式

字段	定义	类型	长度(字节)
设备节点码	—	Block	4
审计类型码	参见表 7.0.6	Byte	1
设备类型码	类型为 SC	Byte	1
保留	全填 0，转发方原样转发，执行方忽略本字段	Byte	1
保留	全填 0，转发方原样转发，执行方忽略本字段	Long	4
保留	全填 0，转发方原样转发，执行方忽略本字段	Long	4
采集时间	包含年月日时分秒，格式为“YYYYMMDDhhmmss”，程序传输的数值等于从 1970 年 1 月 1 日 0 时 0 分 0 秒起到所填时刻经过的秒数	Long	4
寄存器数据	每个寄存器对应一类票种，其他票种数据通过“4009 车票类型对应关系”汇集到已有票种对应的寄存器中，寄存器使用定义如下： 00：普通成人卡 1 进站数(票种 04H) 01：单程票进站数(票种 64H) 02：计次票 1 进站数(票种 78H) 03：预留进站数(票种 28H) 04：预留进站数(票种 82H) 05：儿童卡 1 进站数(票种 30H) 06：交通部安卓 1 进站数(票种 31H) 07：纪念票 1 进站数(票种 80H) 08：专用车票/交通卡入口处拒绝数 09：普通成人卡 1 出站数(票种 04H) 10：单程票出站数(票种 64H) 11：计次票 1 出站数(票种 78H) 12：预留出站数(票种 28H) 13：预留出站数(票种 82H)	Long	256

续表9.3.19

字段	定义	类型	长度(字节)
寄存器数据	14:儿童卡1出站数(票种30H) 15:交通部安卓1出站数(票种31H) 16:纪念票1出站数(票种80H) 17:专用车票/交通卡出口处拒绝数 18～19:保留 20:进站总数 21～22:保留 23:出站总数 24～63:保留	Long	256

9.3.20 6102上海轨道交通专用二维码交易报文用于上传上海轨道交通专用二维码车票交易金额、交易日期时间等内容,格式应符合表9.3.20的规定。

表9.3.20 上海轨道交通专用二维码交易数据报文格式

字段	定义	类型	长度(字节)
交易数据记录,每条记录87字节,可记录N条			N ×87
交易事件码	参见表7.0.7	Byte	1
车票类型码	—	Byte	1
应用序列号	账户号码	Byte	10
认证码	账户认证码	Byte	4
SAM卡号	此SAM卡号为单程票SAM卡卡号	Byte	4
银联认证MAC	—	Block	4
交易日期时间	包含年月日时分秒,格式为"YYYYMMDDhhmmss",程序传输的数值等于从1970年1月1日0时0分0秒起到所填时刻经过的秒数	Long	4
交易金额	高位字节在前,低位字节在后 单位:0.01元人民币	Word	2
优惠金额	高位字节在前,低位字节在后 单位:0.01元人民币	Word	2

续表9.3.20

字段	定义	类型	长度(字节)
当前车站节点标识码	SC的节点标识码	Block	4
上次使用日期时间	交易事件码为出站时,AGM填写上次进站交易时间	Long	4
上次使用设备节点标识码	—	Block	4
终端设备标识	—	Block	4
终端流水号	由AGM单独维护	Block	4
申请有效内二维码生成次数	—	Word	2
特殊交易标志	—	Byte	1
交易前标志	—	Byte	1
手机操作系统	—	Byte	1
当月累积金额	本交易完成后的累积金额 高位字节在前,低位字节在后 单位:0.01元人民币	Long	4
当月累计次数	本交易完成后的累积次数 高位字节在前,低位字节在后	Word	2
分散因子	—	Block	8
操作员号	仅在BOM更新时才会填写该字段	Long	4
标志	00H:回写 01H:非回写	Byte	1
手机当前时间	包含年月日时分秒,格式为"YYYYMMDDhhmmss",程序传输的数值等于从1970年1月1日0时0分0秒起到所填时刻经过的秒数	Long	4
车票子类型	—	Byte	1
保留	全填0,转发方原样转发,执行方忽略本字段	Block	2
TAC	—	Byte	4

9.3.21 8101ATVM申请支付二维码报文用于ATVM直接向ACC申请支付二维码，格式应符合表9.3.21-1的规定，应答报文格式应符合表9.3.21-2的规定。

表9.3.21-1 ATVM申请支付二维码报文格式

字段	定义	类型	长度(字节)
申请时间	—	BCD	7
支付机构	1:支付宝;4:聚合码	Byte	1
终端设备订单号	时间+随机不重复数字+设备节点码	Block	12
金额	售票总金额，单位:0.01元人民币	Long	4
车站标识	当前车站标识码	Block	4
车站名称(英文)	设备预留	String	32
车站名称(中文)	当前车站名称，中文符合GB 2312的规定，右补0结尾	Block	30
购票数量	购票数量	Byte	1
票价	单位:0.01元人民币	Long	4
车票类型码	—	Byte	1
车票名称(英文)	—	Sting	32
车票名称(中文)	售票名称，右补0结尾	Block	16
设备节点码	—	Block	4
运营单位代码	01H:上海地铁第一运营有限公司 02H:上海地铁第二运营有限公司 03H:上海地铁第三运营有限公司 04H:上海地铁第四运营有限公司 05H:上海磁浮交通发展有限公司 06H:上海申凯公共交通运营管理有限公司	Byte	1
保留	全填0，转发方原样转发，执行方忽略本字段	Block	22

表 9.3.21-2　应答报文格式

字段	定义	类型	长度(字节)
应答码	参见表 6.0.3-2	Byte	1
应答码名称(英文)	—	String	32
应答码名称(中文)	应答码解析说明,中文符合 GB 2312 的规定,右补 0 结尾	Block	16
终端设备订单号	ATVM 的订单号	Block	12
互联网票务订单号	互联网票务平台生成的订单号,最大 64 位,多余部分补空格,字符 ASCII 码	Block	64
二维码数据长度	—	Long	4
二维码数据	ATVM 展示的二维码数据	Block	不定

9.3.22　8102ATVM 付款结果通知报文用于 ACC 向 ATVM 反馈通知,格式应符合表 9.3.22 的规定。

表 9.3.22　ATVM 付款结果通知报文格式

字段	定义	类型	长度(字节)
支付结果	0:成功 1:失败	Byte	1
支付结果描述	ASCII 码,中文符合 GB 2312 的规定,右补 0 结尾	Block	40
支付结果时间	等待支付结果通知超时时间宜为 60 s; 在等待支付超时的前 10 s 内,不允许取消当前支付	BCD	7
支付机构	—	Byte	1
终端设备订单号	由 ATVM 生成的订单号	Block	12
互联网票务订单号	互联网票务平台生成的订单号,最大 64 位	Block	64
保留	全填 0,转发方原样转发,执行方忽略本字段	Block	8

9.3.23 8103ATVM 取消支付报文用于 ATVM 直接向 ACC 发起取消支付请求，格式应符合表 9.3.23 的规定。

表 9.3.23 ATVM 取消支付报文格式

字段	定义	类型	长度(字节)
取消原因	0:超时 1:手动	Byte	1
取消申请时间	—	BCD	7
支付机构	—	Byte	1
终端设备订单号	由 ATVM 生成的订单号	Block	12
保留	全填 0，转发方原样转发，执行方忽略本字段	Block	8

9.3.24 8104ATVM 部分退款报文用于 ATVM 由于设备原因不能发售指定车票时，直接向 ACC 发起退款请求，格式应符合表 9.3.24 的规定。

表 9.3.24 ATVM 部分退款报文格式

字段	定义	类型	长度(字节)
退款申请时间	—	BCD	7
支付机构	—	Byte	1
终端设备订单号	—	Block	12
互联网票务订单号	—	Block	64
退款金额	在给出 MACK 应答时需核对退款金额不大于支付订单中售票总金额 单位:0.01 元人民币	Long	4
退款类型	0:部分退款 1:全额退款	Byte	1
保留	全填 0，转发方原样转发，执行方忽略本字段	Block	8

9.3.25 8105ATVM购票结果通知报文用于ATVM直接向ACC发起购票结果通知，格式应符合表9.3.25的规定。

表9.3.25 ATVM购票结果通知报文格式

字段	定义	类型	长度(字节)
支付机构	—	Byte	1
终端设备订单号	ATVM的订单号	Block	12
互联网票务订单号	—	Block	64
预留	—	Block	2
售票数量	成功发售数量	Byte	1
循环结构体			
顺序号	—	Byte	1
物理卡号	—	Long	4
交易时间	—	BCD	7
售票金额	—	Long	4
交易流水号	—	Long	4

9.3.26 8130BOM二维码支付业务报文用于BOM直接向ACC发起二维码支付业务报文，格式应符合表9.3.26-1的规定，应答报文格式应符合表9.3.26-2的规定。

表9.3.26-1 BOM二维码支付业务报文格式

字段	定义	类型	长度(字节)
业务请求时间	—	BCD	7
支付机构	—	Byte	1
当前设备编号	—	Block	4
操作员编号	8位BCD码(车站操作员填入的操作员号)	Block	4
订单号	时间(YYYYMMDDhhmmss)+随机不重复数字(固定为0)+设备节点码	Block	12

续表9.3.26-1

字段	定义	类型	长度(字节)
支付金额	单位:0.01元人民币	Long	4
支付方式	00H:罚款支付收入 01H:一日票支付收入 02H:三日票支付收入 03H:单程票售票支付收入 04H:超时更新支付收入 05H:充值支付收入 06H:超乘更新支付收入 07H:付费出站票支付收入 08H:交通卡押金支付收入 09H:磁浮联票支付收入 10H:其他支付收入	Byte	1
卡类型	区分单程票,住建部交通卡,交通部交通卡	Byte	1
卡号	与6002、6003、6016中卡号相同 罚款或一日票等无卡号的交易,卡号全填0	Byte	10
保留	全填0,转发方原样转发,执行方忽略本字段	Block	10
付款码信息长度	—	Short	2
二维码信息	—	Block	不定

表9.3.26-2 应答报文格式

字段	定义	类型	长度(字节)
应答码	参见表6.0.3-2,应答码成功时,以下信息均需返回	Byte	1
结果名称	文字符合GB 2312规定,右补0结尾	String	32
订单号	BOM订单号	Block	12
互联网票务订单号	最大64位,多余部分补空格,字符ASCII码	Block	64

9.3.27 8131BOM二维码取消支付业务报文用于BOM直接向ACC发起取消支付请求,格式应符合表9.3.27的规定。

表 9.3.27 BOM二维码取消支付业务报文格式

字段	定义	类型	长度(字节)
取消原因	保留	Byte	1
操作员编号	8位BCD码(车站操作员填入的操作员号)	Block	4
取消申请时间	—	BCD	7
支付机构	保留	Byte	1
订单号	由BOM生成的订单号	Block	12
保留	全填0,转发方原样转发,执行方忽略本字段	Block	8

9.4 指　令

9.4.1 2001应用层的PING的请求格式应符合表9.4.1-1的规定,应答格式应符合表9.4.1-2的规定。

表 9.4.1-1 应用层的PING请求格式

字段	定义	类型	长度(字节)
目的方标识码	节点标识码	Block	4

表 9.4.1-2 应用层的PING应答格式

字段	定义	类型	长度(字节)
应答码	参见表6.0.3-2	Byte	1
节点数	本节点直接应答为1,本节点向上游节点转发应答时将本字段加1	Byte	1

9.4.2 3000命令的请求格式应符合表9.4.2-1的规定,代码应符合表9.4.2-2的规定,应支持下列四种交互:

1 MOC→MCC。

2 MCC→SC。

3 SOC→SC。

4 SC→SLE。

表 9.4.2-1 命令请求格式

字段	定义	类型	长度(字节)
发起方节点标识码	命令发起方	Block	4
执行方节点标识码	命令执行方	Block	4
命令代码	见表 9.4.2-2	Byte	1
操作员编号	发起者	Long	4

表 9.4.2-2 命令代码

代码(HEX)	发起方	执行方	描述
60	MOC、SOC	SLE	上传寄存器数据-票箱/维护
61	MOC、SOC	SLE	上传寄存器数据-审计
62	—	—	保留
63	MOC、SOC	SLE	关闭
64	MOC、SOC	SLE	打开
65	MOC、SOC	AGM	设置为进站模式(仅适用双向 AGM)
66	MOC、SOC	AGM	设置为出站模式(仅适用双向 AGM)
67	MOC、SOC	AGM	设置为双向进出模式(仅适用双向 AGM)
68	MOC、SOC	AGM	设置为常闭门模式(仅适用拍打门)
69	MOC、SOC	AGM	设置为常开门模式(仅适用拍打门)
6A	MOC、SOC	AGM	设置为二维码脱机交易模式
6B	MOC、SOC	AGM	设置为二维码联机交易模式
6C～6D	—	—	保留

续表9.4.2-2

代码(HEX)	发起方	执行方	描述
6E	MOC、SOC	SLE	上传设备状态
6F～70	—	—	保留
71	MOC、SOC	SC	初始化设备
72	MOC、SOC	SC	上传电源故障状态
73	MOC、SOC	SC	关闭
80	MOC、SOC、ACC控制台	MCC、SC、SLE	使用主IP与执行方的上层主机通信
81	MOC、SOC、ACC控制台	MCC、SC、SLE	使用备份IP与执行方的上层主机通信
82	ACC、MCC、SC	MCC、SC、SLE	延迟发送,用于通信流量控制
83	ACC、MCC、SC	MCC、SC、SLE	取消延迟发送
84	ACC、MCC、SC	MCC、SC、SLE	发送未应答交互,用于通信恢复后通知执行方可以重新发起故障时未收到应答的交互
90	MOC、SOC	SLE	下载软件版本,WAV音频文件 通过FTP下载音频文件WAV.zip和软件更新包TTSSBB.zip(TT:设备类型码,SS:厂商代码,BB:厂商内部编号)
91	MOC、SOC	ATVM	更新纸币识别器识别参数
92	MOC、SOC	ATVM	更新硬币识别器识别参数
93	MOC、SOC、SC	SLE	关闭设备电源
94	MOC、SOC	ATVM	临时引导信息发布
95	MOC、SOC	ATVM	临时引导信息撤销

9.4.3 3001系统运行模式的请求格式应符合表9.4.3的规定，设备重启后保持最近一次接收的运行模式，应支持下列七种交互：

1 MOC→MCC。

2 MCC→SC。

3 SOC→SC。

4 SC→SLE。

5 SC→MCC。

6 MCC→ACC。

7 ACC→MCC。

表9.4.3 系统运行模式请求格式

字段	定义	类型	长度(字节)
发起方节点标识码	系统运行模式切换命令的发起方	Block	4
执行方车站标识码	系统运行模式切换的执行方车站	Block	4
系统运行模式代码	bit0：紧急模式(1：生效；0：无效) bit1：进站/出站免检模式(1：生效；0：无效) bit2：日期免检模式(1：生效；0：无效) bit3：时间免检模式(1：生效；0：无效) bit4：列车故障模式(1：生效；0：无效) bit5：超程免检模式(1：生效；0：无效) bit6～15：保留	Word	2
操作员编号	发起者	Long	4

9.4.4 3012时间同步的请求格式应符合表9.4.4的规定，应支持SC→SLE交互。

表9.4.4 时间同步请求格式

字段	定义	类型	长度(字节)
当前系统时间	包含年月日时分秒，格式为“YYYYMMDDhhmmss”，程序传输的数值等于从1970年1月1日0时0分0秒起到所填时刻经过的秒数	Long	4

9.4.5 3014设置SLE节点标识的请求格式应符合表9.4.5的规定，应支持SC→SLE交互。

表9.4.5 设置SLE节点标识请求格式

字段	定义	类型	长度(字节)
多线路中央标识码	MCC的节点码	Block	4
车站标识码	SC的节点码	Block	4
车站设备标识码	SLE的节点码	Block	4
车站设备地址	SLE的地址	Block	4

9.4.6 3040文本消息的请求格式应符合表9.4.6的规定。

表9.4.6 文本消息请求格式

字段	定义	类型	长度(字节)
发送方节点标识码	文本消息的发出方	Block	4
接收方节点标识码	文本消息的接收方	Block	4
文本信息	自由格式的ASCII字符串，右补0结尾 长度存放在包头的记录数字段中	Block	不定

9.4.7 3041SOC广播的请求格式应符合表9.4.7的规定，应支持下列三种交互：

1 MOC→MCC。

2 MCC→SC。

3 SC→SOC。

表9.4.7 SOC广播请求格式

字段	定义	类型	长度(字节)
文本信息	ASCII字符串，右补0结尾	String	162
显示时间	单位：5 s	Byte	1

9.4.8 3042SC命令LOG消息的请求格式应符合表9.4.8的

规定。

表 9.4.8　SC 命令 LOG 信息请求格式

字段	定义	类型	长度(字节)
文本信息	ASCII 字符串,右补 0 结尾	String	81
保留	全填 0,转发方原样转发,执行方忽略本字段	Long	4

9.4.9　3080 系统运行模式通知确认的请求格式应符合表 9.4.9-1 的规定,应答格式应符合表 9.4.9-2 的规定,应支持 MCC→MOC 交互。

表 9.4.9-1　系统运行模式通知确认请求格式

字段	定义	类型	长度(字节)
发起方节点标识码	系统运行模式切换命令的发起方	Block	4
执行方车站标识码	系统运行模式切换的执行方车站	Block	4
系统运行模式代码	bit0:紧急模式(1:生效;0:无效) bit1:进站/出站免检模式(1:生效;0:无效) bit2:日期免检模式(1:生效;0:无效) bit3:时间免检模式(1:生效;0:无效) bit4:列车故障模式(1:生效;0:无效) bit5:超程免检模式(1:生效;0:无效) bit6～15:保留	Word	2
操作员编号	发起者	Long	4

表 9.4.9-2　系统运行模式通知确认应答格式

字段	定义	类型	长度(字节)
应答码	参见表 6.0.3-2	Byte	1
操作员编号	确认者	Long	4
模式切换命令流水号	同请求报文的会话流水号	Long	4

9.4.10　3081MOC 广播的请求格式应符合表 9.4.10 的规定,应

支持下列两种交互：

1 ACC 控制台→ACC。

2 ACC→MCC。

表 9.4.10 MOC 广播请求格式

字段	定义	类型	长度(字节)
文本信息	ASCII 字符串，右补 0 结尾	String	162
显示时间	单位：5 s	Byte	1

9.4.11 5000 当前参数版本检查的请求格式应符合表 9.4.11-1的规定，应答格式应符合表 9.4.11-2 的规定，应支持下列三种交互：

1 ACC→MCC。

2 MCC→SC。

3 SC→SLE。

表 9.4.11-1 当前参数版本检查请求格式

字段	定义	类型	长度(字节)
目标节点	被检查的设备节点码	Block	4
参数版本记录，每条记录 6 字节，可记录 N 条			$N\times6$
参数分类/类型码	参见表 9.1.1	Word	2
版本号	—	Long	4

表 9.4.11-2 当前参数版本检查应答格式

字段	定义	类型	长度(字节)
应答码	参见表 6.0.3-2	Block	4
参数版本记录，每条记录 6 字节，可记录 N 条			$N\times6$
参数分类/类型码	参见表 9.1.1	Word	2
版本号	—	Long	4

9.4.12 5001当前参数版本查询的请求格式应符合表9.4.12-1的规定，应答格式应符合表9.4.12-2的规定，应支持下列六种交互：

1 ACC控制台→ACC。

2 ACC→MCC。

3 MOC→MCC。

4 MCC→SC。

5 SOC→SC。

6 SC→SLE。

表9.4.12-1 当前参数版本查询请求格式

字段	定义	类型	长度(字节)
目的方标识	设备节点码	Block	4

表9.4.12-2 当前参数版本查询应答格式

字段	定义	类型	长度(字节)
应答码	参见表6.0.2	Byte	1
参数版本记录，每条记录6字节，可记录 N 条			$N\times6$
参数分类/类型码	参见表9.1.1	Word	2
版本号	—	Long	4

9.4.13 5002将来参数版本查询的请求格式应符合表9.4.13-1的规定，应答格式应符合表9.4.13-2的规定，应支持下列六种交互：

1 ACC控制台→ACC。

2 ACC→MCC。

3 MOC→MCC。

4 MCC→SC。

5 SOC→SC。

6 SC→SLE。

表 9.4.13-1　将来参数版本查询请求格式

字段	定义	类型	长度(字节)
目的方标识	设备节点码	Block	4

表 9.4.13-2　将来参数版本查询应答格式

字段	定义	类型	长度(字节)
应答码	参见表 6.0.3-2	Byte	1
参数版本记录,每条记录 10 字节,可记录 N 条			$N\times10$
参数分类/类型码	参见表 9.1.1	Word	2
版本号	—	Long	4
生效时间	包含年月日时分秒,格式为“YYYYMMDDhhmmss”,程序传输的数值等于从 1970 年 1 月 1 日 0 时 0 分 0 秒起到所填时刻经过的秒数	Long	4

9.4.14　5003 将来参数版本检查的请求格式应符合表 9.4.14-1的规定,应答格式应符合表 9.4.14-2 的规定,应支持下列三种交互:

1　ACC→MCC。

2　MCC→SC。

3　SC→SLE。

表 9.4.14-1　将来参数版本检查请求格式

字段	定义	类型	长度(字节)
目标节点	被检查的设备节点码	Block	4
参数版本记录,每条记录 10 字节,可记录 N 条			$N\times10$
参数分类/类型码	参见表 9.1.1	Word	2
版本号	—	Long	4
生效时间	包含年月日时分秒,格式为“YYYYMMDDhhmmss”,程序传输的数值等于从 1970 年 1 月 1 日 0 时 0 分 0 秒起到所填时刻经过的秒数	Long	4

表 9.4.14-2 将来参数版本检查应答格式

字段	定义	类型	长度(字节)
应答码	参见表 6.0.3-2	Byte	1
参数版本记录,每条记录 6 字节,可记录 N 条			N ×6
参数分类/类型码	参见表 9.1.1	Word	2
版本号	—	Long	4

9.4.15 5004 参数版本同步的请求格式应符合表 9.4.15 的规定,应支持下列三种交互:

1 ACC 控制台→ACC。

2 MOC→MCC。

3 SOC→SC。

表 9.4.15 参数版本同步请求格式

字段	定义	类型	长度(字节)
执行方节点	需要进行同步的节点的标识码,必须是相应主机的直接下级节点	Block	4
当前/将来标志	1:同步当前参数 2:同步将来参数	Byte	1
操作员编号	—	Long	4

9.4.16 5005 查询软件版本的请求格式应符合表 9.4.16-1 的规定,应答格式应符合表 9.4.16-2 的规定,应支持下列四种交互:

1 SOC→SC。

2 SC→SLE。

3 MOC→MCC。

4 MCC→SC。

表 9.4.16-1 查询软件版本请求格式

字段	定义	类型	长度(字节)
目的方标识	设备节点码	Block	4

表 9.4.16-2　查询软件版本应答格式

字段	定义	类型	长度(字节)
应答码	参见表 6.0.3-2	Byte	1
厂商代码	前三位保留,厂商代码填在最低位	Long	4
主版本号	若未使用,填 0	Byte	1
副版本号	若未使用,填 0	Byte	1
10 条记录,每条记录 6 字节,软件版本数组索引: 0:主控程序 1:单程票读写器 1(AGM 出站端、ATVM、BOM 发卡机构) 2:单程票读写器 2(AGM 出站端、ATVM、BOM 发卡机构) 3:多合一读写器 1(AGM 进站端、BOM、ATVM 交通卡模块、CVM) 4:多合一读写器 2(AGM 出站端、BOM 手机卡、ATVM 交通卡模块、CVM) 5:进站端读写器 4020 参数版本 6:出站端读写器 4020 参数版本 7:多合一读写器 4026 版本 1(AGM 进站端、BOM、ATVM 交通卡模块、CVM) 8:多合一读写器 4026 版本 2(AGM 出站端、BOM、ATVM 交通卡模块、CVM) 9:ATVM、CVM 图片参数版本 3086(只用于 ATVM、CVM 等需要图片的 SLE 设备)			10×6

9.4.17　5007 索取终端设备日志的请求格式应符合表 9.4.17-1 的规定,终端设备收到请求后,将相关日期所有日志打包为 zip 文件上传,同时生成 txt 文件,写入 zip 包中终端设备日志文件的总数,txt 与 zip 文件命名规则应符合表 9.4.17-2 的规定,该指令应支持下列三种交互:

1　SC→SLE。

2　MOC→MCC。

3　MCC→SC。

表 9.4.17-1　索取终端设备日志请求格式

字段	定义	类型	长度(字节)
发起方节点标识码	命令发起方	Block	4

续表9.4.17-1

字段	定义	类型	长度(字节)
执行方节点标识码	命令执行方	Block	4
日志记录日期	YYYYMMDD	N	8
上传节点 IP 地址	上传服务器端 IP 地址	Long	4
用户名	—	String	32
密码	—	String	32
日志存放路径	上级节点存放日志文件的路径	String	64
保留	全填 0,转发方原样转发,执行方忽略本字段	Byte	10

表 9.4.17-2　应答日志格式

YYYY	MM	DD	HH	MM	SS	TTTTTTTT	.txt
年	月	日	小时	分钟	秒	设备节点号	文件后缀

9.4.18　5015 新软件版本查询的请求格式应符合表 9.4.18-1 的规定,应答格式应符合表 9.4.18-2 的规定,应支持下列四种交互:

1　SOC→SC。

2　SC→SLE。

3　MOC→MCC。

4　MCC→SC。

表 9.4.18-1　新软件版本查询请求格式

字段	定义	类型	长度(字节)
目的方标识	节点标识码	Block	4

表 9.4.18-2　新软件版本查询应答格式

字段	定义	类型	长度(字节)
应答码	参见表 6.0.3-2	Byte	1

续表9.4.18-2

字段	定义		类型	长度(字节)
版本记录,每条记录38字节,可记录 N 条				$N\times38$
厂商代码	—		Word	2
软件类型	主控软件	001H:AGM、ATVM、BOM	Word	2
	AGM	100H:AGM控制外设控制模块 101H:AGM阻挡机构版本 102H:AGM回收机构版本		
	进站AGM	110H:进站端AGM读写器版本 111H:进站端AGM读写器4020参数版本 112H:进站端AGM读写器4026参数版本		
	出站AGM	120H:出站端AGM读写器版本 121H:出站端AGM读写器4020参数版本 122H:出站端AGM读写器4026参数版本		
	ATVM	200H:ATVM发卡机构模块版本 201H:ATVM硬币机柜模块版本 202H:ATVM纸币接收模块版本 203H:ATVM纸币找零模块版本 204H:ATVM纸币循环模块版本 205H:输入输出板模块版本 210H:ATVM读写器版本		
	BOM	300H:桌面发卡机构模块版本 310H:桌面读写器版本		

续表9.4.18-2

字段	定义		类型	长度(字节)
软件类型	BOM	311H:桌面读写器 4020 参数版本 312H:桌面读写器 4026 参数版本 320H:BOM 发卡机构读写器版本	Word	2
	厂商自定义	—		
版本号	字符串以 0 结尾的		Block	32

9.4.19 6004 索取交易数据的请求格式应符合表 9.4.19 的规定,应支持下列五种交互:

1 ACC→MCC。

2 MOC→MCC。

3 MCC→SC。

4 SOC→SC。

5 SC→SLE。

表 9.4.19 索取交易数据请求格式

字段	定义	类型	长度(字节)
发起方节点标识码	命令发起方	Block	4
执行方节点标识码	命令执行方	Block	4
索取交易日期	YYYYMMDD	N	8
流水号类型	1:城市轨道交通专用车票流水 2:住建部交通卡消费流水 3:住建部交通卡充值流水 4:手机支付消费流水号 5:银行卡流水号 6:员工卡流水号 7:轨道交通专用二维码流水号 8:交通部交通卡消费流水 9:交通部交通卡充值流水号 10:交通部/随申码/地铁码二维码流水号	Byte	1

续表9.4.19

字段	定义	类型	长度(字节)
开始终端流水号	索取交易数据记录的开始流水号	Long	4
结束终端流水号	索取交易数据记录的结束流水号	Long	4
保留	全填0,转发方原样转发,执行方忽略本字段	Byte	10

9.4.20 6015 查询设备最新交易流水号的请求格式应符合表 9.4.20-1 的规定,应答格式应符合表 9.4.20-2 的规定,应支持下列五种交互:

1 ACC→MCC。

2 SOC→SC。

3 SC→SLE。

4 MOC→MCC。

5 MCC→SC。

表 9.4.20-1 查询设备最新交易流水号请求格式

字段	定义	类型	长度(字节)
目标方节点标识码	—	Block	4
流水号类型	1:城市轨道交通专用车票流水 2:住建部交通卡消费流水 3:住建部交通卡充值流水 4:手机支付消费流水号 5:银行卡流水号 6:员工卡流水号 7:轨道交通专用二维码流水号 8:交通部交通卡消费流水号 9:交通部交通卡充值流水号 10:交通部/随申码/地铁码二维码流水号	Byte	1

表 9.4.20-2　查询设备最新交易流水号应答格式

字段	定义	类型	长度(字节)
应答码	参见表 6.0.3-2	Byte	1
流水号类型	1:城市轨道交通专用车票流水 2:住建部交通卡消费流水 3:住建部交通卡充值流水 4:手机支付消费流水号 5:银行卡流水号 6:员工卡流水号 7:轨道交通专用二维码流水号 8:交通部交通卡消费流水号 9:交通部交通卡充值流水号 10:交通部/随申码/地铁码二维码流水号	Byte	1
交易流水号	当前已分配的最后一笔交易记录的终端流水号	Long	4

10　安全要求

10.0.1　AFC 系统应具备相应的网络和信息安全防护设备，应达到国家信息安全等级保护二级或以上要求，并符合现行国家标准《信息安全技术　网络安全等级保护基本要求》GB/T 22239 和《信息安全技术　网络安全等级保护安全设计技术要求》GB/T 25070 的相关规定。

10.0.2　城市公共交通卡中交通部卡交易所用的 SAM 卡，其安全性要求应符合现行行业标准《城市公共交通 IC 卡技术规范　第 6 部分：安全》JT/T 978.6 的规定。

10.0.3　轨道交通专用车票交易所用的 SAM 卡密钥管理体系，应与城市公共交通卡（含手机 NFC 票卡）的密钥管理体系保持独立。

10.0.4　轨道交通专用车票 PSAM 卡应由上海轨道交通票务清分系统统一发行，城市公共交通卡 PSAM 卡应由上海公共交通卡清算系统统一发行。

10.0.5　SLE 在处理轨道交通专用车票、城市公共交通卡等交易时，其数据存储、处理都应有安全性措施，SLE 均应配置安全认证模块。

10.0.6　票卡安全应符合下列要求：

1　PSAM 卡中包含加密算法和密钥，交易数据的 TAC 应传送到发卡机构，由发卡机构验证交易数据的合法性。

2　城市公共交通卡中设有访问控制密钥并对 SLE 的读写器进行认证，同时读写器对城市公共交通卡进行合法性验证。

3　二维码车票应能防复制、防盗刷、防破解，并进行加密处理。

10.0.7 MAC 和 PIN 在数据传输过程中应符合下列要求：

1 消息的发送方和接收使用 MD5 生成 MAC 验证消息的完整性，防止消息被篡改，并结合 TAC 进行交易验证。

2 MCC 和 ACC 的 PIN 应以密文形式传输和存储，加密算法宜采用非对称算法。

11 电源及接地

11.0.1 ACC、MCCS、SCS、SLE 应采用一级负荷标准供电。

11.0.2 ACC 应配置 UPS,后备时间不宜小于 4 h；MCCS 应配置 UPS,后备时间不宜小于 1 h；SCS 应配置 UPS,后备时间不宜小于 0.5 h；ATVM、BOM、CVM 应使用车站弱电集中 UPS,后备时间不宜小于 0.5 h。

11.0.3 配电设计应保证负载均衡,考虑设备开机、关机时对电源的冲击,并应符合现行国家标准《低压配电设计规范》GB 50054 的要求。

11.0.4 系统应采用综合接地,接地电阻不大于 1 Ω,所有设备和线槽应接地,并符合现行国家标准《低压配电设计规范》GB 50054 的要求。

11.0.5 SLE 应设置漏电保护装置。

12　系统接口

12.0.1　车站紧急控制装置与FAS设置硬线接口，应能接受火灾报警信号，控制SLE进入紧急模式，并向FAS反馈执行情况。

12.0.2　SCS与ISCS接口应符合下列要求：

1　SCS与ISCS车站级系统采用通信接口，向ISCS提供SLE的工作状态信息和客流信息，并接收ISCS的控制指令。

2　ISCS在IBP盘上提供“紧急释放”按钮及“释放状态”指示灯。

12.0.3　SCS应与UPS设置硬线接口，接收外部电源失电信号，并向ATVM/BOM发送关机指令。

12.0.4　系统设计时，应考虑设备用房、设备布置、设备用电、设备维修、接地、传输通道、时钟和管线预埋等相关接口技术要求。

本标准用词说明

1 为便于在执行本标准规范条文时区别对待，对要求严格程度不同的用词说明如下：

1）表示很严格，非这样做不可的用词：
正面词采用“必须”；
反面词采用“严禁”。

2）表示严格，在正常情况下均应这样做的用词：
正面词采用“应”；
反面词采用“不应”或“不得”。

3）表示允许稍有选择，在条件许可时首先应这样做的用词：
正面词采用“宜”；
反面词采用“不宜”。

4）表示有选择，在一定条件下可以这样做的用词，采用“可”。

2 本标准中指明应按其他有关标准、规范执行的写法为“应符合……的规定（或要求）”或“应按……执行”。

引用标准名录

1 《信息安全技术　网络安全等级保护基本要求》GB/T 22239

2 《信息安全技术　网络安全等级保护安全设计技术要求》GB/T 25070

3 《数字城市一卡通互联互通通用技术要求》GB/T 31778

4 《低压配电设计规范》GB 50054

5 《城市轨道交通自动售检票系统工程质量验收标准》GB/T 50381

6 《城市公共交通 IC 卡技术规范　第 2 部分:卡片》JT/T 978.2

7 《城市公共交通 IC 卡技术规范　第 6 部分:安全》JT/T 978.6

8 《交通一卡通二维码支付技术规范》JT/T 1179

标准上一版编制单位及人员信息

DGJ 08—1101—2007

主 编 单 位:上海市城市交通管理局

参 编 单 位:上海城市发展信息研究中心

上海申通地铁集团有限公司

上海公共交通卡股份有限公司

上海地铁运营有限公司

上海市标准化研究院

主要起草人:江绵康　王子强　董明峰　唐定富　谢志刚

张　弛　张　波　瞿　斌　胡西虹　龚汇汇

王家振　徐　明　王长年　王二卫　黄　钟

赵时旻　翁春慧　周　晓　周璐川　谢文录

俞　军　雍　斌　石慧麟　李国荣　李传科

唐世锋　谢坚文　居　理

上海市工程建设规范

城市轨道交通自动售检票系统通用技术标准

DG/TJ 08—1101—2022

J 10510—2022

条 文 说 明

2024 上海

目　次

3　总体架构 …………………………………………… 175
4　系统功能 …………………………………………… 176
　4.1　清分系统功能 ………………………………… 176
　4.3　车站计算机系统功能 ………………………… 177
　4.4　车站终端设备功能 …………………………… 177
　4.5　车票要求 ……………………………………… 177
5　系统性能 …………………………………………… 178
6　通信方式 …………………………………………… 179
7　编码规则 …………………………………………… 180
9　数据要求 …………………………………………… 181
　9.1　基本要求 ……………………………………… 181
　9.2　参　数 ………………………………………… 181

Contents

3 General framework ······ 175
4 System function ······ 176
4.1 Clearing system function ······ 176
4.3 Station computer system function ······ 177
4.4 Station level equipment function ······ 177
4.5 Ticket requirements ······ 177
5 System performance ······ 178
6 Communication mode ······ 179
7 Encoding rules ······ 180
9 Data requirements ······ 181
9.1 Basic requirements ······ 181
9.2 Parameter ······ 181

3 总体架构

3.0.1 城市轨道交通 AFC 系统总体架构图体现业务定位，第一层城市轨道交通票务清分系统主要负责接收轨道交通交易数据并与城市公共交通卡清算系统、第三方支付平台等外部系统进行对票务的运营收益清算分账，以及对客流和收益进行统计与分析。第二层多线路中央计算机系统主要负责收集所管辖线路及车站的设备的交易及状态数据，上传交易数据实现与城市轨道交通票务清分系统的清分对账。第三层车站计算机系统主要负责实时监控车站自动售检票系统设备，采集和储存车站终端设备的车票交易数据、寄存器数据、状态数据、收益管理数据及维护管理数据等，并上传给多线路中央计算机系统。第四层车站终端设备主要负责面向乘客服务并向车站计算机系统上传原始交易数据和设备状态信息。第五层车票一般由纸质车票、IC 卡、二维码等形式构成乘车有效凭证，并通过车站检票设备进行进出站。

4 系统功能

4.1 清分系统功能

4.1.4

1 账户管理是指负责管理和维护用户账户信息，主要提供基于账户的开销户、状态、密码管理等服务。密钥管理主要包含密钥产生、运送、存放、分发、下装、使用、备份、更新、销毁等。

2 应用单位账户提供对票务的检票和更新等服务。

3 黑名单账户管理针对由用户行为导致容易发生异常交易的账户进行限制管理。

4 电子化乘车凭证处理包含平台授权给用户进出站的电子化乘车凭证以及对无法正常进出站的乘车凭证进行分析并更新信息后判断扣款情况。

5 依据终端设备上传的业务处理结果中包含的交易金额，或对进站、出站处理结果进行行程匹配后根据城市轨道交通票务政策计算得出交易金额进行扣费。

6 终端设备上传交易信息，平台记录信息并产生相应的订单编号。

7 与有资金往来业务的银行或第三方支付机构进行对账处理。

8 终端设备扫描用户的付款码实现支付结算。

9 当闸机处于脱机状态时，验码后让乘客进出站，同时生成脱机进出站交易信息，等网络恢复后，上传至平台；当闸机处于联机状态时，验码后让乘客进出站，同时上传平台相关交易信息。

10 依据终端设备上送的脱机交易信息，按照相关的配对规则进行交易配对。

11 对于日终配对交易审核异常的配对数据，进行冲正，申请取消该笔交易。

12 平台将出站交易和更新交易生成的交易明细发给外部系统进行请款。

4.3 车站计算机系统功能

4.3.2

6 紧急情况根据运营方所定义的突发事件，一般包括列车隧道或区间火灾、隧道水淹报警、突发恐怖袭击事件等，其中车站公共区域火灾情况下可由 FAS 系统联动实现阻挡装置释放。

4.4 车站终端设备功能

4.4.3

5 ATVM 需判断当前是否有交易正在进行，若无交易正在进行，停止服务；若有交易正在进行且投币足额则发售车票并找零完成交易，随后关机；若投币不足额，则取消交易，随后关机。无论是否有交易正在进行，ATVM 在接收到 SC 下发的关机命令 5 min 后应关机。当供电恢复，设备开机时打印最后一笔交易凭条，并记录日志。

4.5 车票要求

4.5.3 脱机蓝牙回写包含单脱机蓝牙回写和双脱机蓝牙回写，适用于用户手机端和扫码终端任一方或均处于无网络状态下，通过检票机读写模块中的蓝牙模块读取手机端结合蓝牙 MAC 地址等信息生成的二维码，完成身份验证和支付操作实现进出站。

5　系统性能

5.0.4

2　ATVM硬币购票发售速度计算方式从最后一枚硬币投入到出票。

3　ATVM纸币购票发售速度计算方式从最后一张纸币投入到出票。

6 通信方式

6.0.5 通信规程1同步短连接，适用于SLE向SC发送交易数据、SLE向SC签到/签退、ATVM向ACC请求扫码购票数据、SC/MCC向SLE发送指令。通信规程2异步长连接，适用于SC向MCC转发交易数据、MCC向ACC转发交易数据。通信规程3异步短连接用于服务端无应答方式发送文件。通信规程4同步短连接适用于多节点联机交互方式信息查询。

7 编码规则

7.0.2 线路编码采用编码范围 01 至 99 的 BCD 码，01 编码表示 1 号线，02 表示 2 号线，以此类推；车站编码采用编码范围 01 至 99 的 BCD 码，由“1040 车站配置”参数对车站编号进行赋值；设备类型编码参见表 7.0.2-2；设备序号编码采用编码范围 00 至 FF 的 HEX 码，表示该设备在此车站的唯一编号。示例如下：

示例	线路编码	车站编码	设备类型编码	设备序号编码
1 号线莘庄站 00 号车站计算机	01	11	10	00
2 号线徐泾东 65 号进站检票机	02	34	1A	65

9　数据要求

9.1　基本要求

9.1.3　每个设备参数都需要设置版本号，当设备接收到的参数版本号大于该参数在本机的版本号，则此参数有效，生效时间到启用参数。当设备接收到的参数版本号小于该参数在本机的版本号，则此参数无效。例如自动检票机4002参数版本号为100，接收到车站计算机下发的4002参数版本号为99，则不执行99号参数，当接收到4002参数版本号为101时，生效时间到，启用并执行参数版本号为101的4002参数。

9.2　参　数

9.2.1　YYYYMMDDhhmmss代表年月日时分秒，例如20220520131400代表2022年5月20日13点14分00秒。

9.2.25　“重复优惠”是指可以使用所有的优惠策略，在全部优惠条件都满足时实际票价为当前票价×累积优惠比例×联乘优惠比例。

“联乘＝累积＞轨道交通时间优惠”是指联乘优惠和累积优惠策略可以重复使用，优惠基价按通常工作日全价费率票价执行。当全部优惠条件都满足时，实际票价为通常工作日全价费率票价×累积优惠比例×联乘优惠比例。

“联乘＞累积＞轨道交通时间优惠”是指当满足联乘优惠条件时只能使用联乘优惠，实际票价为通常工作日全价费率票价×联乘优惠比例；不满足联乘优惠条件但满足累积优惠条件时只使用累积优惠,实际票价为通常工作日全价费率票价×累积优惠比例;以上条件皆不满足时按当前费率表执行。

“累积>联乘>轨道交通时间优惠”是指当满足累积优惠条件时只能使用累积优惠,实际票价为通常工作日全价费率票价×累积优惠比例;不满足累积优惠条件但满足联乘优惠条件时只使用联乘优惠,实际票价为通常工作日全价费率票价×联乘优惠比例;以上条件皆不满足时按当前费率表执行。

“轨道交通时间优惠=(联乘>累积)”是指当满足联乘优惠条件时只能使用联乘优惠,实际票价为当前费率票价×联乘优惠比例;不满足联乘优惠条件但满足累积优惠条件时只使用累积优惠,实际票价为当前费率票价×累积优惠比例。

“轨道交通时间优惠=(累积>联乘)”是指当满足累积优惠条件时只能使用累积优惠,实际票价为当前费率票价×累积优惠比例;不满足累积优惠条件但满足联乘优惠条件时只使用联乘优惠,实际票价为当前费率票价×联乘优惠比例。

9.2.26 城市公共交通卡中交通部本地卡读写器与上位机不判断4020白名单,原始卡类型均映射为卡类型01;交通部异地卡,卡类型为FF,不对卡类型进行判断,表示全部卡型。

用于城市公共交通卡住建部白名单时,“发卡机构标识”字段前6个字节为0xFF,后两个字节为城市代码,“类型/版本”字段为交通卡版本号,不大于09时为本地卡,大于09时为异地卡,当卡版本大于09时且为M1型,则匹配“发卡机构标识”字段为2000,且“类型/版本”字段相同或均为FF的记录,“类型/版本”字段为FF时表示不判断异地卡的卡版本;当卡版本大于09时且为CPU型,则匹配“发卡机构标识”字段相同,且“类型/版本”字段相同或均为FF的记录,“类型/版本”字段为FF时表示不判断异地卡的卡版本。

城市公共交通卡住建部异地卡,在“6003交通卡交易数据”报文中的卡类型字段填写映射后卡类型,不填写卡片原始卡类型。